Otto Gunter

Arcanjo Miguel
Rituais de Proteção e Cura

Copyright © 2023 Luiz Santos
Todos os direitos reservados.
Nenhuma parte deste livro pode ser reproduzida de qualquer forma ou por qualquer meio sem a permissão por escrito do detentor dos direitos autorais.
Imagem da capa © Orbis Studio
Revisão por Marco Avelar
Design gráfico por Tania Navarro
Diagramação por Paulo Xavier
Todos os direitos reservados a:
Luiz A. Santos

Sumário

Prólogo 5
Capítulo 1 Introdução ao Arcanjo Miguel 8
Capítulo 2 Energia e Presença do Arcanjo Miguel 13
Capítulo 3 Preparação Espiritual para os Rituais 18
Capítulo 4 Conexão Inicial com o Arcanjo Miguel 23
Capítulo 5 Invocação do Arcanjo Miguel 28
Capítulo 6 Símbolos Sagrados do Arcanjo Miguel 33
Capítulo 7 A Espada de Luz 38
Capítulo 8 O Escudo de Proteção 42
Capítulo 9 A Balança Divina 46
Capítulo 10 A Chama Azul 50
Capítulo 11 Atributos Espirituais do Arcanjo Miguel ... 54
Capítulo 12 Ritual de Iniciação com o Arcanjo Miguel .. 59
Capítulo 13 Técnicas de Meditação para Fortalecer a Conexão. 63
Capítulo 14 Práticas para Pedir Orientação Divina 67
Capítulo 15 Autodefesa Energética com o Arcanjo Miguel 71
Capítulo 16 Práticas de Cura Emocional com Miguel .. 75
Capítulo 17 A Cura Física com o Arcanjo Miguel 79
Capítulo 18 Ritual para Purificação de Espaços 84
Capítulo 19 Proteção Espiritual Pessoal 88
Capítulo 20 Superação de Medos com a Ajuda de Miguel 92
Capítulo 21 Libertação de Vícios e Hábitos Negativos 96
Capítulo 22 Ritual de Manifestação de Objetivos 100

Capítulo 23 Técnicas de Paz Interior e Equilíbrio 104
Capítulo 24 Conexão com a Hierarquia Angelical 108
Capítulo 25 Ritual de Consagração e Dedicação 112
Capítulo 26 Comunicação com o Arcanjo Miguel.................... 116
Capítulo 27 Alinhamento com o Propósito Divino................... 120
Capítulo 28 Viagens Astrais e Projeção Etérica 124
Capítulo 29 Trabalho de Cura em Grupo................................ 128
Capítulo 30 Miguel como Mensageiro Divino 132
Capítulo 31 Serviço e Missão Espiritual................................. 136
Capítulo 32 Ascensão Espiritual com Miguel......................... 140
Capítulo 33 Rituais Sazonais e Celebrações 144
Capítulo 34 Ensinamentos Esotéricos de Miguel 148
Capítulo 35 Legado e Herança Espiritual 152
Capítulo 36 Milagres e Intervenções Divinas......................... 156
Capítulo 37 Harmonização Cósmica com Miguel 160
Capítulo 38 Manifestação da Abundância com Miguel............ 164
Capítulo 39 Miguel como Guia nas Transições 168
Capítulo 40 Conexão Multidimensional com Miguel............... 172
Capítulo 41 Trabalho com Anjos Elementais 175
Capítulo 42 Miguel como Patrono dos Guerreiros 179
Capítulo 43 Conexão Familiar com Miguel............................ 183
Capítulo 44 Rituais Sazonais e Celebrações Especiais............. 187
Capítulo 45 Ensinamentos Arcanos sobre Miguel 191
Capítulo 46 Legado Espiritual e Transmissão 195
Capítulo 47 Aplicações Práticas no Cotidiano........................ 199
Epílogo 203

Prólogo

Nos recônditos mais profundos da humanidade, há um chamado, uma voz inconfundível que atravessa eras e civilizações. Essa voz, incansável e incessante, pertence a um guardião, um protetor eterno, conhecido por muitos como o Arcanjo Miguel. Neste exato momento, ao segurar este livro, é como se essa força universal o estivesse chamando, instigando-o a abrir as páginas para conhecer as histórias, as proteções e os segredos deste ser ancestral.

Miguel não é apenas um personagem de lendas; ele é uma presença real, atuante e profundamente enraizada na essência humana. Em cada cultura que o reverenciou, seja através de cânticos, orações ou imagens, Miguel se tornou o símbolo supremo da coragem, da luz e da justiça. Neste livro, Miguel o aguarda não apenas como uma figura celestial, mas como um aliado invisível, que tem estado ao seu lado em momentos de dor, de superação e de busca por respostas. Esta obra revela mais que relatos antigos; ela traz à tona uma conexão espiritual que ecoa em cada coração que anseia por proteção e clareza.

Em uma sociedade repleta de incertezas e ameaças, a presença do Arcanjo Miguel ressurge com uma intensidade renovada, oferecendo sua espada luminosa e seu escudo impenetrável àqueles que buscam segurança e verdade. As páginas que você está prestes a explorar não são apenas registros históricos ou descrições metafísicas; elas são portais para uma experiência de fé e transformação. Miguel, o Príncipe das Milícias Celestes, convida você a adentrar em uma jornada onde o medo é dissipado pela luz azul de sua chama e onde a verdade brilha como uma revelação poderosa e libertadora.

Desde tempos imemoriais, o nome de Miguel desperta uma força adormecida nas almas que se sentem chamadas por ele. Essa força, tão vital e protetora, tem a capacidade de transformar vidas, de reverter situações aparentemente impossíveis e de libertar aqueles que se encontram presos a dilemas e opressões. Você, leitor, não está aqui por acaso. Existe uma razão, um propósito, que o trouxe até estas páginas, e Miguel, em sua infinita compaixão e sabedoria, o guiará ao longo de cada capítulo, preparando-o para despertar uma força que talvez nunca tenha percebido em si.

Ao absorver cada palavra deste livro, você perceberá que Miguel não é apenas um anjo distante; ele é uma presença vibrante, que acompanha e fortalece cada ser que, com sinceridade, busca sua ajuda. Ele se revela através de sinais sutis, de sensações profundas e de insights poderosos que só aqueles com o coração aberto podem perceber. Miguel está ao seu lado, e este livro é um lembrete de que você nunca estará só, de que a proteção e a coragem sempre estarão à sua disposição.

A jornada que o aguarda é uma de descoberta e renovação. Aqui, você encontrará histórias de transformação, de coragem, e de redenção, todas entrelaçadas pelo manto de proteção do Arcanjo Miguel. Ele será seu guia na escuridão, seu defensor contra as adversidades e seu conselheiro nas horas de incerteza. As palavras escritas aqui foram cuidadosamente entrelaçadas para que, ao serem lidas, ativem em você uma conexão direta com a essência de Miguel, como se ele próprio estivesse a sussurrar conselhos e revelações ao seu ouvido.

Este livro não é apenas um relato sobre o Arcanjo Miguel; ele é um chamado para despertar em você o guerreiro, o protetor, aquele que, como Miguel, está pronto para lutar pela verdade e para proteger o que é justo. Cada capítulo o levará a compreender melhor como essa figura celestial pode atuar na sua vida, trazendo-lhe proteção, paz e uma sabedoria ancestral que transcende qualquer medo ou dúvida. Ao seguir essa leitura, você perceberá que Miguel não é apenas um símbolo de proteção externa, mas uma energia que vive em seu próprio espírito, um impulso divino que desperta o poder de superar qualquer desafio.

    Então, permita-se mergulhar neste mistério, abrir seu coração e sua mente para a verdade que reside nas palavras que seguem. Ao longo desta jornada, você não apenas aprenderá sobre o Arcanjo Miguel, mas se verá refletido nele, em cada batalha, em cada superação e em cada vitória sobre o que teme. Que este livro o inspire, o proteja e o conduza ao encontro de uma força que já está em você, à espera de ser despertada. Miguel o chama, e ele espera, com paciência e vigor, para ser seu guardião e guia nesta caminhada de fé, coragem e amor.

Capítulo 1
Introdução ao Arcanjo Miguel

Desde tempos imemoriais, o nome de Miguel ressoa como um chamado à força, à proteção e à justiça. Nas profundezas das crenças que sustentam civilizações e culturas, o Arcanjo Miguel emerge como uma das figuras mais reverenciadas e reconhecidas. Ele é o defensor celeste, a chama que brilha na linha de frente das batalhas invisíveis entre as forças do bem e do mal. Sua presença ecoa em textos sagrados, em orações e cânticos, atravessando continentes e épocas, e moldando-se conforme os valores e mistérios espirituais de cada povo que o acolhe.

O Arcanjo Miguel não é apenas um guardião; ele é também um símbolo de coragem inabalável e da eterna luta pela verdade. Em cada cultura, há uma maneira única de compreendê-lo, mas, invariavelmente, ele se apresenta como o ser que combate e vence as trevas. Sua espada, sempre descrita como luminosa, representa não só um instrumento de proteção, mas também um farol de justiça e discernimento.

Suas aparições são relatadas desde os antigos registros bíblicos até visões contemporâneas em situações de perigo e desespero. Ele está lá, incólume e firme, pronto para erguer aqueles que o invocam, para servir como guia e escudo. Na tradição cristã, Miguel ocupa um lugar singular. Entre todos os arcanjos, é ele quem foi designado como o "Príncipe das Milícias Celestes", aquele que lidera os exércitos celestiais contra as forças do mal. Esse título transcende o conceito militar e adentra o território do sagrado; ele não é apenas um soldado, mas um comandante das hostes divinas, aquele que luta pela ordem e pela luz.

Além da tradição cristã, Miguel também figura com grande relevância em outras religiões. No Islã, por exemplo, ele é conhecido como Mīkā'īl, sendo descrito como um anjo de misericórdia, aquele que intercede pelos fiéis e distribui bênçãos divinas. Na tradição judaica, ele é igualmente poderoso, sendo mencionado como o anjo protetor de Israel, guardião da humanidade e das leis divinas. Em diversas culturas, sua imagem é uma das mais poderosas entre os seres celestiais, um símbolo eterno da luta entre o bem e o mal.

Os estudos esotéricos e místicos aprofundam ainda mais a compreensão do Arcanjo Miguel. Para muitos estudiosos do ocultismo e das ciências esotéricas, Miguel transcende o conceito de um anjo guerreiro para simbolizar uma energia universal de proteção e transformação. Ele é visto como uma entidade que representa a força da vontade divina, sendo capaz de trazer clareza, coragem e renovação espiritual. Sua presença é buscada em rituais e práticas espirituais de diversas tradições, especialmente aquelas que valorizam a conexão direta e intuitiva com os arcanjos e guias espirituais.

Entre os aspectos que tornam Miguel tão essencial para os caminhos espirituais, destaca-se sua capacidade de oferecer proteção e de cortar, com sua espada de luz, qualquer influência negativa. Sua espada, muitas vezes vista como uma representação da verdade, também age simbolicamente como um instrumento de discernimento, separando a ilusão da realidade, o medo da fé, e a opressão da liberdade. Não se trata apenas de afastar o mal, mas de despertar nas almas a capacidade de lutar contra suas próprias limitações e escuridões internas.

Ao longo das eras, as descrições e iconografias de Miguel variam, mas há elementos constantes: ele é, geralmente, retratado com armadura completa, espada ou lança na mão, e um semblante que mescla serenidade com determinação. Sua imagem, capturada em pinturas, esculturas e textos, mostra o simbolismo do guerreiro celestial em sua forma mais pura. A espada, o escudo, as asas e o escudo adornado com símbolos sagrados compõem a imagem de Miguel como o defensor por excelência, alguém que representa a justiça divina e a lealdade ao plano divino.

Para muitos, Miguel é um companheiro de jornada, uma presença tangível no caminho da busca espiritual e um guia em momentos de tribulação. Sua energia é vista como um fogo que nunca se apaga, sempre pronto para dissipar as sombras da dúvida, do medo e da opressão. Acredita-se que ele se faça presente onde quer que a coragem seja necessária, onde a injustiça precise ser corrigida, onde os corações busquem fortaleza para enfrentar as adversidades.

Embora sua imagem esteja firmemente enraizada nas religiões abraâmicas, Miguel também é reconhecido em diversas tradições espirituais e sistemas de crença contemporâneos, como no espiritualismo, na Nova Era e em práticas místicas de diferentes vertentes. Sua figura foi, ao longo do tempo, absorvida por práticas que buscam uma conexão com seres de luz, independentemente da religião específica. Muitas vezes, ele é evocado em rituais de proteção e limpeza espiritual, onde sua energia é canalizada para afastar energias negativas e fortalecer o campo áurico das pessoas.

A presença de Miguel não se limita ao papel de guerreiro. Ele é também visto como um anjo de cura e equilíbrio. Na tradição mística, sua energia é chamada para trazer harmonia em momentos de conflito e para proteger aqueles que buscam clareza mental e serenidade. Suas qualidades, como a coragem, a justiça, e a compaixão, são características que os devotos buscam incorporar em suas próprias vidas. Cada aparição, cada relato de sua presença é uma história de transformação, onde ele se manifesta como o suporte firme que sustenta os necessitados.

Em tempos modernos, as pessoas continuam a sentir a presença de Miguel em suas vidas de maneiras inesperadas. Há relatos de proteção em acidentes, visões que aparecem para confortar e orientar em momentos de dor e perda, e até mesmo sonhos onde sua figura se mostra em uma luz confortante. Essas experiências reforçam a crença de que Miguel está sempre próximo, acessível a todos aqueles que o chamam com sinceridade e fé.

Outro aspecto fascinante é que, em muitas tradições de cura energética, como o Reiki e outras práticas de cura energética, a presença de Miguel é convocada para atuar como um protetor espiritual. Ele é visualizado como uma chama azul intensa, a chama da verdade e da proteção. Este fogo azul é frequentemente evocado em meditações e rituais para transmutar energias negativas, para criar um escudo de proteção ao redor dos praticantes e de seus entes queridos. Esta chama não é apenas um símbolo, mas uma representação daquilo que Miguel é para os que o buscam: uma força incansável de pureza e proteção.

Essa chama azul de Miguel se tornou um símbolo de renovação espiritual. A cor azul, associada à serenidade e à introspecção, também reflete o equilíbrio e a paz que ele traz ao espírito. Ela é evocada nos momentos de dor e nas batalhas internas, proporcionando uma visão mais ampla e esclarecedora, capaz de transformar medos em aprendizado e de iluminar caminhos antes obscurecidos pela dúvida. Esse fogo espiritual serve de guia e, ao mesmo tempo, de força impulsionadora, que incentiva aqueles que a buscam a enfrentar suas próprias sombras.

Para muitos, Miguel representa o ideal de coragem e retidão que transcende o entendimento humano. Ele não está restrito a uma figura passiva; ao contrário, ele é dinâmico, transformador e exigente, encorajando a todos a se levantarem em defesa de suas verdades, de seus valores e, acima de tudo, de suas almas. Ele não combate apenas as forças externas; ele é a espada que corta as amarras internas, os grilhões do medo e das incertezas que aprisionam a verdadeira essência do ser.

Em suma, o Arcanjo Miguel, em todas as suas manifestações e atributos, é um reflexo do anseio humano pela proteção divina e pela busca de um sentido mais elevado. Ele surge, com sua espada e seu olhar firme, como um chamado àqueles que desejam trilhar o caminho da retidão, não apenas em busca de proteção, mas de transformação pessoal. Ao invocá-lo, busca-se mais do que uma proteção; busca-se um espelho onde é possível ver o que é necessário transformar para que a luz prevaleça sobre a escuridão.

    A lenda e a realidade de Miguel se entrelaçam, e sua presença é uma constante lembrança de que, em meio às lutas diárias, há uma força maior que protege, que guia e que luta ao lado de todos aqueles que, com sinceridade e coração aberto, chamam por ele. Ele é a representação do equilíbrio entre a justiça e a misericórdia, entre o combate e a compaixão, e entre o poder e a humildade. Esta é a essência de Miguel, o Arcanjo que nunca abandona os que buscam verdadeiramente pela paz e pelo caminho da luz.

Capítulo 2
Energia e Presença do Arcanjo Miguel

Sentir a presença do Arcanjo Miguel é como acolher uma força ancestral, uma energia inconfundível que carrega o poder da proteção e a profundidade da coragem. Em muitas tradições espirituais, captar essa vibração é uma experiência transformadora e reveladora, que traz à tona tanto a clareza quanto a sensação de um amparo invisível. Miguel é descrito como uma chama viva de proteção, um guardião que envolve aqueles que o invocam em uma energia vibrante e forte, a qual se manifesta não apenas em momentos de crise, mas em qualquer ocasião onde o espírito busca a paz e a segurança.

Quando se fala na energia do Arcanjo Miguel, muitos descrevem uma sensação de calor ou uma pressão suave no peito, como se fossem envolvidos por uma onda de luz. Esse calor, muitas vezes associado à sua chama azul, é sentido em práticas meditativas ou orações profundas, quando uma conexão verdadeira é estabelecida. A chama azul de Miguel representa essa energia — intensa, protetora e purificadora. Aqueles que se concentram nessa chama sentem como se fossem revitalizados, como se um peso fosse retirado, permitindo-lhes respirar mais profundamente e com maior confiança.

A energia de Miguel não é apenas protetora; ela é também fortalecedora. Há um sentido de renovação que acompanha sua presença, uma vontade de enfrentar medos, de caminhar com firmeza, independentemente das adversidades. Ele é conhecido por amplificar a coragem daqueles que se conectam com sua vibração, concedendo-lhes a força necessária para enfrentar os desafios que surgem na vida. Muitos relatam que ao invocar

Miguel, especialmente em momentos de dúvida ou vulnerabilidade, recebem uma coragem renovada, uma certeza que não tinham antes.

Identificar a presença de Miguel pode ser um processo sutil, mas é uma habilidade que se desenvolve com o tempo e a prática. Em muitos casos, sua energia é anunciada por um aumento repentino de confiança ou uma sensação inexplicável de que "tudo está bem". Outros experimentam uma espécie de visão interior ou uma cor azulada que permeia seu campo visual, mesmo que por breves momentos. Essas manifestações são sinais de que a presença de Miguel foi acolhida, de que seu espírito protetor está atuando ao lado daquele que o chamou.

Alguns que estão em sintonia com energias mais elevadas relatam que, ao invocar Miguel, percebem o ambiente ao redor como se estivesse mais iluminado, mais vívido. Esse brilho ou claridade é, para muitos, uma confirmação da sua presença. Em situações em que a negatividade parece tomar conta, Miguel é frequentemente invocado para purificar o ambiente e transformar a energia ao redor. Sua presença é um lembrete de que a luz pode triunfar sobre a escuridão e de que não há influência negativa que ele não possa dissipar.

Além disso, um dos aspectos mais impressionantes da presença de Miguel é a forma como ele ajuda a cortar laços energéticos que drenam a força vital e dificultam o progresso espiritual. Muitos daqueles que trabalham com Miguel em suas práticas espirituais mencionam que, ao sentir sua presença, recebem a clareza para abandonar relacionamentos ou situações prejudiciais. Ele é descrito como aquele que nos auxilia a nos libertar de padrões que nos aprisionam, nos encorajando a caminhar para uma vida mais autêntica, livre de pesos desnecessários.

Para aqueles que estão acostumados com práticas meditativas, Miguel aparece como uma entidade que atua diretamente sobre o chakra do plexo solar, uma área do corpo associada à autoestima e ao poder pessoal. Ao sentir sua presença, muitos experienciam um calor nessa região, uma expansão, como se estivessem sendo preenchidos por uma energia intensa e vibrante. Isso não é coincidência; a força de Miguel é capaz de despertar em nós o próprio poder de defesa pessoal e de realização, promovendo o fortalecimento interior que permite que cada pessoa busque sua verdade e aja com coragem.

Outro sinal importante da presença de Miguel é a sensação de proteção espiritual. Muitas vezes, ao invocá-lo, há uma certeza interior de que, independentemente dos desafios e ameaças, a alma está guardada e segura. É como se uma barreira invisível e impenetrável fosse erguida ao redor daquele que se encontra sob sua influência. Essa barreira, no entanto, não é uma barreira rígida, mas sim flexível, adaptável, moldando-se às necessidades e circunstâncias de cada momento. Ela é uma defesa energética que acolhe e transforma tudo o que poderia ser prejudicial.

Nos momentos de angústia ou perigo, Miguel frequentemente se revela como uma presença tranquilizadora e imediata. Seu campo energético atua diretamente no emocional, trazendo uma calma que dissolve o pânico e restaura o equilíbrio. Essa é uma das formas mais conhecidas de sua atuação: não é apenas um alívio momentâneo, mas uma restauração profunda, que permite que a pessoa recupere o controle de sua própria vida e enfrente o que vier pela frente com serenidade.

Aqueles que praticam exercícios de visualização frequentemente utilizam a chama azul de Miguel como um símbolo central. Visualizar essa chama ao redor do corpo ou em situações específicas é uma prática comum para estabelecer um campo de proteção e purificação. Quando alguém projeta a chama azul em sua mente, seja como um escudo, como uma armadura ou mesmo como uma esfera ao seu redor, está criando um vínculo com a energia de Miguel, trazendo sua proteção para dentro de sua vida. Este exercício, repetido com constância, fortalece a presença de Miguel no campo energético da pessoa e amplifica a proteção que ele oferece.

A chama azul também é usada como um recurso para transmutar energias negativas em positivas. Ao imaginar essa chama envolvendo objetos, locais ou até memórias dolorosas, acredita-se que a vibração de Miguel transforma e purifica esses aspectos, retirando qualquer resquício de energia densa que possa estar ali presente. Este é um dos grandes mistérios e dons de Miguel: sua habilidade de transformar a escuridão em luz, de abrir novos caminhos onde antes parecia haver somente obstáculos.

As manifestações da energia de Miguel podem se intensificar em determinadas situações, como em momentos de oração coletiva ou de rituais realizados com grande intenção e fé. Nesses casos, a presença de Miguel pode ser sentida não apenas como uma sensação pessoal, mas como uma força que envolve todos os presentes, unindo-os em um campo de proteção e fortaleza. Há relatos de pessoas que, ao orarem em grupo para pedir proteção ou cura, sentiram um calor intenso e uma energia que parecia se expandir e envolver a todos, trazendo um sentimento de paz e união.

O papel de Miguel como protetor não se limita apenas a afastar influências externas; ele também atua para fortalecer o próprio espírito, permitindo que a pessoa desenvolva um escudo interno. Isso é especialmente importante para aqueles que desejam lidar com situações difíceis sem se desestabilizar emocionalmente. Ao trabalhar com a energia de Miguel, muitos relatam que ganham uma resiliência emocional e espiritual, uma capacidade de se manter centrado, mesmo diante de grandes desafios.

Em momentos de dúvida, Miguel é invocado por muitos para trazer clareza e discernimento. Quando as decisões são difíceis e o caminho parece confuso, sua presença pode ser sentida como uma luz orientadora, revelando a verdade por trás das ilusões. Essa qualidade de Miguel é reverenciada em diversas tradições; ele é aquele que ilumina o caminho da verdade, que ajuda a revelar o que é realmente importante e que auxilia na tomada de decisões alinhadas com o propósito mais elevado.

A energia de Miguel é também descrita como um impulso natural para agir de forma justa, para ser íntegro e leal à própria essência. Aqueles que buscam viver com autenticidade frequentemente se conectam com Miguel para fortalecer esse compromisso. Sob sua influência, cresce o desejo de agir com honra e coragem, de enfrentar os desafios sem comprometer os valores pessoais e de lutar por aquilo que realmente importa. Miguel ensina, pela presença silenciosa, que a verdadeira força vem da integridade e do alinhamento com o próprio espírito.

Aqueles que experimentam sua presença frequentemente relatam que Miguel inspira uma transformação silenciosa, mas profunda. Não há gritos ou manifestações ruidosas; sua energia é firme, consistente, uma chama que arde de forma constante e que permite que, aos poucos, tudo o que não é verdadeiro seja deixado para trás. Ele não exige mudança, mas inspira cada pessoa a buscar o que é melhor para si, a superar medos e limitações, a cultivar uma vida de coragem e propósito.

Assim, a energia e a presença do Arcanjo Miguel tornam-se um guia constante, uma luz que está sempre acessível, à espera de ser invocada e acolhida. Ele não é apenas um protetor contra as adversidades externas, mas um símbolo de superação interna, um mestre que guia aqueles que buscam o caminho da verdade, da justiça e da transformação espiritual. Sob sua influência, o medo cede lugar à coragem, a dúvida é substituída pela clareza e a proteção espiritual transforma-se em uma força viva que permanece ao lado de todos os que o invocam com sinceridade e fé.

Capítulo 3
Preparação Espiritual para os Rituais

A preparação espiritual é o momento em que o corpo, a mente e o espírito se alinham em harmonia para receber e canalizar as energias do Arcanjo Miguel. Este processo é como abrir um portal interno, um espaço onde a luz do arcanjo pode adentrar e se manifestar plenamente. O preparo, no entanto, exige uma dedicação cuidadosa, uma atenção aos detalhes que vão além das ações físicas. Cada ato, cada gesto, torna-se um símbolo, uma intenção silenciosa que reverbera no plano espiritual.

A purificação é o primeiro passo, e ela começa com a limpeza do ambiente. Não importa se o ritual será realizado em um espaço grandioso ou em um pequeno quarto; o importante é que o local esteja livre de energias que possam interferir na experiência. Para isso, recomenda-se que o praticante faça uso de elementos como água, sal, incenso ou ervas que auxiliem na harmonização do espaço. A fumaça de ervas como a sálvia ou o incenso de olíbano são particularmente eficazes, pois têm a capacidade de transmutar e dissipar energias negativas, criando uma atmosfera propícia para a conexão com Miguel.

O uso de sal grosso, espalhado nos quatro cantos do local, é uma prática antiga de proteção e limpeza. Ele funciona como uma barreira natural, impedindo a entrada de vibrações mais densas. Após espalhá-lo, é comum que o praticante o recolha, simbolizando a retirada de qualquer resíduo energético. A água, especialmente se consagrada ou misturada com algumas gotas de óleo essencial de lavanda ou alecrim, também pode ser aspergida nos arredores para promover uma limpeza sutil e reforçar a serenidade do ambiente.

Para a limpeza pessoal, a purificação não é apenas física, mas também emocional e mental. Um banho com sal grosso é uma prática recomendada para descarregar as energias acumuladas do cotidiano, trazendo ao corpo uma sensação de leveza e renovação. Acrescentar pétalas de rosa branca, folhas de manjericão ou gotas de óleos essenciais de limpeza, como eucalipto, aumenta o poder desse ritual. Durante o banho, deve-se visualizar a água levando embora qualquer peso, tristeza ou medo, deixando o corpo preparado e receptivo para a conexão com Miguel.

Após o banho de purificação, é aconselhável que o praticante vista roupas claras, preferencialmente brancas. A cor branca é um símbolo de pureza e proteção, além de facilitar a conexão com as energias mais elevadas. As vestes claras ajudam a manter a serenidade e são também um sinal de respeito ao sagrado, uma maneira de demonstrar que o corpo está em sintonia com as intenções da prática.

O próximo passo é acalmar a mente. A concentração e a clareza de pensamento são essenciais para que o contato com Miguel ocorra de maneira pura e sem distrações. A meditação, mesmo que por alguns minutos, é uma ferramenta poderosa nesse processo de preparação. Sentar-se em um lugar tranquilo, fechar os olhos e focar na respiração são ações que permitem que a mente se aquiete e o espírito se prepare para a conexão. É importante lembrar que, ao nos prepararmos para um ritual com Miguel, cada inspiração é uma oportunidade de nos preencher com a luz divina, e cada expiração é uma chance de liberar o que nos impede de alcançar essa luz.

Além de aquietar a mente, é essencial que o praticante foque em suas intenções. Perguntas como "Qual é o propósito deste ritual?" ou "O que desejo alcançar com a presença de Miguel?" ajudam a direcionar a energia da prática. As intenções são como um fio condutor, uma linha que guiará o praticante ao longo do ritual. Miguel responde à clareza e à sinceridade; assim, quanto mais específicas e genuínas forem as intenções, mais profunda será a conexão.

Criar um altar ou um espaço sagrado é outro passo importante na preparação. Esse altar não precisa ser elaborado; ele deve apenas conter itens simbólicos que remetam ao Arcanjo Miguel e ao propósito do ritual. Uma vela azul ou branca, um cristal de proteção, como a turmalina negra ou a selenita, e uma imagem ou símbolo de Miguel são suficientes para construir esse ponto de foco energético. A vela, quando acesa, representa a luz divina que Miguel traz consigo, e sua chama é um lembrete constante de sua presença e proteção.

A presença de cristais no altar pode potencializar a energia do ambiente, e cada cristal possui propriedades únicas que podem ser escolhidas conforme a necessidade do ritual. A ametista, por exemplo, auxilia na transmutação de energias, enquanto o quartzo transparente intensifica a clareza mental. Os cristais devem ser previamente limpos, e podem ser segurados ou tocados durante o ritual para fortalecer a conexão.

Para aqueles que têm familiaridade com orações e mantras, uma oração inicial é um excelente modo de introduzir o ritual e estabelecer a frequência espiritual desejada. Esta oração pode ser uma invocação direta ao Arcanjo Miguel, um chamado sincero para que ele se faça presente, traga sua luz e ofereça proteção e orientação. A oração é a ponte que une o mundo físico ao espiritual, um canal onde o coração do praticante e a energia de Miguel se encontram. Se preferir, o praticante pode escrever suas próprias palavras, expressando gratidão e o desejo de receber a presença do arcanjo.

Respirar profundamente durante a oração ou visualização, preenchendo o corpo com a energia do arcanjo, cria um campo magnético de receptividade. A respiração, nesse contexto, é uma forma de ancorar a energia, permitindo que a luz de Miguel se estabeleça em todos os níveis do ser. Cada respiração é um convite para que a presença de Miguel se aproxime, para que o campo áurico se expanda e se alinhe com a energia divina.

Além disso, alguns praticantes gostam de utilizar músicas ou cânticos suaves que elevem a frequência do ambiente. Melodias harmônicas, especialmente com sons de sinos ou flautas, criam uma atmosfera sagrada e ajudam a manter a concentração durante o ritual. A música deve ser selecionada com cuidado, pois ela não é apenas um som ambiente, mas uma vibração que se entrelaça com o espírito do ritual, auxiliando a manter a harmonia entre mente e coração.

Outro aspecto crucial na preparação é o estado emocional do praticante. Em muitos momentos, as emoções podem interferir na abertura espiritual, dificultando a conexão plena com Miguel. Por isso, é importante que a prática comece com um coração leve, livre de ressentimentos ou preocupações excessivas. A prática do perdão, inclusive, é uma forma de preparação que potencializa a conexão, pois ao liberar mágoas, a energia do amor e da proteção se torna mais presente. Ao perdoar, estamos abrindo espaço para que a paz e a luz de Miguel possam penetrar em nosso ser.

Para aqueles que possuem conhecimentos em práticas de visualização, imaginar uma esfera de luz azul ao redor do corpo é uma forma eficaz de se proteger e intensificar a preparação espiritual. Essa esfera serve como um escudo que não apenas protege, mas também amplifica a sintonia com Miguel. Visualizar essa luz azul descendo desde o topo da cabeça, atravessando o corpo até os pés, é uma maneira de sentir-se envolvido pela presença do arcanjo, como se ele mesmo estivesse envolvendo o praticante em seus braços protetores.

Na preparação espiritual para rituais com o Arcanjo Miguel, o silêncio também é um elemento valioso. Em meio ao silêncio, a voz interior é ouvida com mais clareza, e a presença de Miguel se manifesta de maneira mais pura. Por isso, é importante reservar um tempo para estar em completa quietude, um momento onde não há pedidos, mas apenas receptividade, como se o espírito estivesse escutando as respostas antes mesmo de formular as perguntas.

Quando todos os preparativos são feitos com intenção e respeito, o ritual se torna mais do que um simples ato; ele é a expressão da vontade de se conectar com o sagrado. Este é o momento em que o mundo físico e o espiritual se encontram, e em que a presença de Miguel pode ser acolhida de forma completa. A preparação é, portanto, um ato de devoção, uma oferenda invisível que cria as condições para que o arcanjo se manifeste e conceda sua luz, sua proteção e sua orientação.

Ao concluir os preparativos, o praticante deve estar em paz consigo mesmo, com o ambiente ao redor e com suas próprias intenções. Esse estado de serenidade e alinhamento é o que permite que o ritual flua de maneira natural, sem interferências ou distrações. Quando tudo está em ordem, o espírito de Miguel responde, trazendo a força, a clareza e a paz que são sua marca.

Capítulo 4
Conexão Inicial com o Arcanjo Miguel

O início de uma conexão com o Arcanjo Miguel é, para muitos, um momento profundamente transformador. Essa aproximação é sentida como um chamado que vem do íntimo, um impulso que desperta o desejo de se abrir ao que é sagrado e transcendente. Miguel, conhecido como o guardião celestial e protetor, traz consigo uma presença que inspira e, ao mesmo tempo, acalma. Ao estabelecer um vínculo inicial com ele, o praticante começa a experimentar sua energia de maneira direta, percebendo-a como uma proteção calorosa e um apoio espiritual que se torna constante em sua vida.

Para estabelecer esse vínculo, a primeira chave é a intenção sincera. Miguel responde àqueles que o invocam com o coração aberto, movidos pelo desejo de receber sua orientação e proteção. A intenção é como uma ponte invisível entre o mundo espiritual e o mundo físico; ela transmite o desejo profundo da alma de se conectar com o divino e permite que a energia de Miguel flua livremente em direção ao praticante. Ao estabelecer essa intenção, é importante se alinhar ao que há de mais puro dentro de si, afastando pensamentos superficiais ou ansiedades que possam interferir.

A visualização é uma prática central nesse processo de conexão inicial. Para começar, o praticante pode imaginar uma luz azul intensa que desce suavemente sobre ele, envolvendo-o por completo. Essa luz azul representa a essência de Miguel, sua presença forte e protetora. Ao visualizar essa luz, é útil imaginar que ela toca cada parte do corpo, desde o topo da cabeça até os pés, preenchendo-o com paz, coragem e uma profunda sensação de segurança. Essa visualização não apenas fortalece a conexão, mas também cria uma barreira protetora, afastando qualquer energia negativa que possa interferir.

Durante a visualização, o praticante pode imaginar Miguel em uma forma que ressoe com ele. Para alguns, ele aparece como um ser luminoso, com asas que se estendem de um azul radiante, enquanto outros o veem como um guerreiro de armadura brilhante, empunhando uma espada de luz. Independentemente da forma, o essencial é sentir sua presença como uma força benéfica, uma energia que carrega a coragem e a proteção divina. Essa imagem pessoal de Miguel torna a conexão mais concreta e facilita o processo de sintonização.

A oração é outro pilar fundamental na conexão com o Arcanjo Miguel. Embora haja muitas orações tradicionais dedicadas a ele, o mais importante é que as palavras sejam carregadas de sinceridade e devoção. Uma oração pode ser simples e direta, como: "Arcanjo Miguel, guardião celestial, guia-me com tua luz e protege-me com tua força." Essas palavras, ditas com convicção e fé, estabelecem um vínculo que transcende a linguagem; é a intenção por trás das palavras que gera a verdadeira conexão.

Para aqueles que preferem uma abordagem mais pessoal, a criação de uma oração própria é uma prática poderosa. Ao compor suas próprias palavras, o praticante expressa seu próprio sentimento e desejo de proteção. Esse processo de criação pode ser visto como uma oferenda de autenticidade e sinceridade, e as palavras escolhidas com o coração ganham ainda mais força. Cada palavra carrega em si a intenção do praticante, atuando como um canal de comunicação com Miguel, e quanto mais pessoal e autêntica for essa expressão, mais poderosa será a conexão.

Um ambiente adequado também contribui para fortalecer essa conexão inicial. Escolher um local tranquilo, longe de distrações e perturbações, é essencial para que o praticante possa focar inteiramente em sua intenção. Se possível, recomenda-se que o ambiente seja preparado previamente com elementos que facilitem a conexão espiritual, como uma vela azul, que representa a luz de Miguel, ou um incenso que ajude a elevar a frequência energética do local. Esses elementos, embora simples, atuam como símbolos que ajudam o praticante a criar um ambiente sagrado, onde a presença de Miguel pode ser sentida com maior intensidade.

Além disso, para aqueles que têm afinidade com cristais, o uso de pedras específicas pode fortalecer o vínculo com Miguel. Cristais como a sodalita, conhecida por sua vibração protetora e capacidade de aumentar a intuição, e a ametista, que auxilia na transmutação de energias, são frequentemente usados para intensificar a conexão com o arcanjo. Segurar esses cristais durante a visualização ou a oração, ou simplesmente colocá-los próximos ao corpo, ajuda a canalizar a energia de Miguel de forma mais eficaz e a manter um campo de proteção ao redor do praticante.

A prática da respiração consciente também desempenha um papel importante na conexão inicial. Respirar profundamente, de forma lenta e controlada, permite que o corpo e a mente relaxem e se alinhem ao ritmo do espírito. Cada inspiração é uma oportunidade de absorver a luz e a força de Miguel, enquanto cada expiração é um ato de liberação das tensões e das preocupações que poderiam dificultar a conexão. Durante esse processo, é útil imaginar que, a cada respiração, a luz de Miguel se expande dentro do corpo, trazendo serenidade e confiança.

Em alguns casos, o praticante pode sentir sinais físicos ou emocionais que indicam a presença de Miguel. Uma sensação de calor no peito, uma leve pressão nos ombros ou até mesmo uma tranquilidade inesperada são indícios comuns de que sua energia está se manifestando. Esses sinais variam de pessoa para pessoa, e nem sempre são perceptíveis de imediato, mas com o tempo, o praticante aprende a reconhecer essas manifestações como uma resposta direta do arcanjo à sua invocação.

Outro método eficaz para fortalecer a conexão inicial com Miguel é o uso de mantras ou palavras de poder. Repetir uma frase simples, como "Miguel, proteja-me" ou "Miguel, guie-me", cria uma vibração que ressoa com a frequência do arcanjo. Essa repetição atua como um chamado, uma forma de sintonizar o próprio campo energético com o de Miguel. Esse tipo de prática, conhecido como japa na tradição oriental, é uma técnica antiga de invocação e serve para manter a mente focada e o coração aberto.

Durante o processo de conexão, a confiança é um elemento fundamental. Confiar na presença de Miguel e no seu poder de proteção é essencial para que o vínculo se estabeleça de forma plena. Muitas vezes, o praticante pode duvidar da eficácia da prática ou questionar se Miguel realmente responderá ao chamado. Essas dúvidas, embora naturais, devem ser superadas com a compreensão de que o arcanjo se faz presente sempre que é invocado com sinceridade. A fé e a confiança criam um espaço seguro para que ele se manifeste e ofereça seu amparo.

Ao longo do tempo, essa conexão inicial se torna mais profunda e constante. Miguel passa a ser um companheiro espiritual, alguém que está sempre próximo e que pode ser chamado em qualquer momento de necessidade. A presença do arcanjo não é algo distante ou reservado a momentos específicos; ela se torna parte da vida cotidiana, uma fonte de força e segurança que está sempre acessível.

Por fim, é importante que o praticante termine a prática de conexão com um momento de gratidão. Agradecer a Miguel por sua presença, por sua proteção e por sua orientação é uma forma de reconhecer a benção que sua energia representa. Essa gratidão fortalece o vínculo e demonstra a humildade do praticante, que reconhece que a presença do arcanjo é um dom, uma dádiva que deve ser honrada. Esta prática de gratidão final encerra o ritual com uma nota de reverência e completa o ciclo de conexão.

Estabelecer uma conexão inicial com o Arcanjo Miguel é, portanto, uma jornada que começa com uma intenção simples, mas que, ao longo do tempo, se torna uma relação de profunda confiança e respeito. É o início de uma presença protetora que caminha ao lado do praticante, uma luz que não se apaga e que oferece coragem e clareza, mesmo nos momentos mais desafiadores. Essa conexão é um ato de fé, uma entrega que abre as portas para que Miguel se manifeste e guie cada passo com sua força e seu amor.

Capítulo 5
Invocação do Arcanjo Miguel

A invocação do Arcanjo Miguel é um ato de profundidade e significado que ultrapassa a simples intenção de comunicação. Trata-se de um chamado sagrado, um momento em que o praticante convida Miguel a entrar em sua vida de maneira direta e manifesta, permitindo que ele atue como protetor, guia e companheiro espiritual. O processo de invocação é tão antigo quanto as tradições que veneram o arcanjo, e nele reside a possibilidade de estabelecer um laço permanente com essa presença celestial. Na invocação, o praticante utiliza elementos simbólicos, intenções claras e uma abertura de coração que estabelece um caminho de duas vias entre o humano e o divino.

A chave inicial para a invocação do Arcanjo Miguel é a preparação do ambiente e do próprio espírito. Diferentemente de outros momentos de conexão, a invocação é uma prática intensa que demanda um espaço sagrado e uma mente em estado de quietude e reverência. Um ritual de invocação eficaz começa com a criação de um ambiente onde Miguel possa se manifestar livremente, sem barreiras emocionais ou interferências externas. Para isso, o praticante pode usar elementos como velas, incensos e objetos simbólicos que representem a energia de Miguel.

A vela é um dos elementos mais significativos nesse processo. Uma vela azul, a cor que representa a força e a proteção de Miguel, é ideal para este ritual. A chama da vela não é apenas uma fonte de luz física, mas também um canal de comunicação com o arcanjo, uma representação da chama espiritual que ele traz. Ao acender a vela, o praticante pode mentalizar que a luz é um chamado direto para Miguel, uma invocação para que ele esteja presente e atue no campo energético de quem o chama.

O uso de incenso ou resinas, como o olíbano ou a mirra, purifica o ambiente e eleva a vibração, facilitando o contato com o arcanjo. A fumaça do incenso representa o elemento ar e simboliza a ascensão das intenções ao plano espiritual. Durante a invocação, o praticante pode observar a fumaça subindo e imaginar que suas palavras e intenções também se elevam, sendo levadas até Miguel. O aroma e a fumaça atuam como veículos de purificação e como um convite para que o arcanjo desça ao espaço preparado.

A invocação de Miguel pode ser ainda mais poderosa com o uso de objetos simbólicos que representem sua energia. A espada é um dos símbolos mais conhecidos e reverenciados de Miguel, pois representa seu papel de protetor e guerreiro da luz. O praticante pode ter uma pequena representação de uma espada no altar ou simplesmente visualizar uma espada de luz, mentalizando que essa espada está sendo concedida pelo próprio arcanjo como um instrumento de proteção. Esse símbolo reforça o vínculo entre o praticante e Miguel, tornando a invocação um chamado não apenas para proteção, mas para que a verdade e a coragem sejam manifestadas na vida de quem o invoca.

Além disso, o uso de cristais é uma prática comum na invocação do Arcanjo Miguel. Pedras como a sodalita e a turmalina negra possuem energias que vibram em sintonia com a força de Miguel e podem ser usadas para fortalecer o campo de proteção. A sodalita, com sua cor azul profunda, simboliza a conexão direta com Miguel, enquanto a turmalina negra atua como um escudo contra energias negativas. Esses cristais podem ser segurados durante a invocação ou simplesmente colocados próximos à vela para potencializar o ambiente e sintonizar o praticante com a energia do arcanjo.

As palavras da invocação são outro elemento fundamental, e elas podem seguir uma oração tradicional ou serem compostas pelo próprio praticante. Miguel responde à sinceridade e à clareza, então o conteúdo da invocação deve ser direto e expressar com transparência o motivo do chamado. Uma invocação clássica pode começar com: "Arcanjo Miguel, príncipe das milícias celestiais, venha até mim com tua luz e tua força. Proteja-me, guie-me e esteja ao meu lado em todos os momentos." Estas palavras, ditas com devoção, estabelecem uma abertura que convida Miguel a agir.

Para aqueles que preferem um toque pessoal, a criação de uma invocação própria é altamente recomendada. Miguel valoriza a autenticidade, e ao falar diretamente com ele, o praticante pode expressar com precisão suas necessidades, medos e intenções. Palavras que reflitam o desejo de transformação, de proteção ou de coragem ressoam com a essência de Miguel, tornando a invocação uma ferramenta poderosa de comunicação. Por exemplo: "Miguel, guardião da luz e da verdade, te invoco para que me envolvas com tua força e coragem. Que tua espada seja minha defesa e que tua presença seja meu guia."

Durante a invocação, é importante que o praticante mantenha a mente e o coração abertos. Muitas vezes, sinais da presença de Miguel se manifestam de forma sutil, como uma sensação de calor, uma calma profunda ou uma clareza mental inesperada. Para outros, a presença de Miguel pode ser acompanhada de uma visão interna de uma luz azul intensa ou de uma leve pressão nos ombros, como se ele estivesse literalmente colocando suas mãos em sinal de apoio e proteção. Estes sinais são indícios de que a invocação foi atendida, de que o arcanjo está presente e pronto para agir.

A respiração desempenha um papel crucial durante a invocação, pois ela ajuda o praticante a entrar em um estado de receptividade. Respirar lenta e profundamente permite que o corpo e a mente se harmonizem, criando um estado de calma e concentração que facilita a conexão com Miguel. A cada inspiração, o praticante pode imaginar que está absorvendo a energia de Miguel, e a cada expiração, pode visualizar-se liberando qualquer dúvida ou receio. Esse processo de respiração consciente cria um campo magnético que favorece a manifestação da presença do arcanjo.

Para intensificar a invocação, o praticante pode incluir um ato simbólico, como erguer a mão direita em direção ao alto, simbolizando a abertura para receber a energia de Miguel. Esse gesto simples é um sinal de entrega, uma forma de demonstrar que o praticante está disposto a acolher o auxílio do arcanjo em sua totalidade. É como se, ao erguer a mão, ele estivesse abrindo um canal para que Miguel se aproxime e atue de forma mais intensa.

O encerramento da invocação é tão importante quanto seu início. Assim que o praticante sentir que a presença de Miguel foi estabelecida, é recomendável encerrar com uma breve expressão de gratidão. A gratidão é uma energia de reciprocidade que fortalece o vínculo e demonstra respeito ao arcanjo. Uma frase simples como "Gratidão, Arcanjo Miguel, por tua proteção e por tua presença" finaliza o ritual de forma harmoniosa e respeitosa, encerrando o ciclo de invocação com um ato de reconhecimento.

Para aqueles que desejam manter a presença de Miguel em seu campo energético após a invocação, há práticas que podem ajudar a ancorar sua energia no dia a dia. Uma prática comum é portar um amuleto ou cristal consagrado durante a invocação, pois ele atuará como um canal de proteção constante. Esse objeto pode ser usado como um lembrete físico de que Miguel está ao lado do praticante, oferecendo proteção e apoio em todos os momentos.

Além disso, manter um diário espiritual pode ser uma forma de registrar as sensações e mensagens recebidas durante a invocação. Escrever sobre a experiência não apenas ajuda a processar o contato com Miguel, mas também permite que o praticante observe o desenvolvimento dessa conexão ao longo do tempo. Com a prática e a repetição, a invocação se torna cada vez mais natural, e a presença de Miguel passa a ser percebida de maneira constante, como uma companhia sagrada que acompanha cada passo da jornada espiritual.

A invocação do Arcanjo Miguel é, portanto, uma prática que exige dedicação e reverência, mas que oferece em troca uma proteção imensurável e uma guia espiritual inestimável. Ao estabelecer esse contato, o praticante encontra em Miguel não apenas um protetor, mas um amigo fiel, uma presença constante que, em todos os momentos de necessidade, responde com coragem, luz e amor.

Capítulo 6
Símbolos Sagrados do Arcanjo Miguel

Os símbolos sagrados associados ao Arcanjo Miguel carregam significados profundos e são ferramentas espirituais poderosas. Cada um desses símbolos representa uma faceta da missão de Miguel como guardião e protetor das almas humanas, e eles agem como portais que ajudam o praticante a sintonizar-se com sua energia. Estes símbolos – a espada, o escudo, a balança e a chama azul – são muito mais do que meras imagens; eles são veículos de sua força espiritual e de seu compromisso com a proteção, a justiça e a transformação.

A espada de Miguel é, talvez, o símbolo mais conhecido e icônico do arcanjo. Ela representa a verdade, a justiça e o poder de afastar a negatividade. A espada de Miguel é, acima de tudo, uma ferramenta de discernimento. Assim como a lâmina afiada separa o que é verdadeiro do que é ilusório, a espada espiritual de Miguel é invocada para ajudar aqueles que a utilizam a enxergar com clareza, discernir o bem do mal e cortar energias ou laços que já não servem ao propósito de evolução do indivíduo. Na prática espiritual, visualizar essa espada é como invocar um feixe de luz que corta qualquer sombra, iluminando o caminho com coragem e determinação.

Quando usada em práticas de meditação e visualização, a espada de Miguel é projetada pelo praticante como uma luz resplandecente que envolve o corpo e protege o espírito. Esse exercício fortalece o campo áurico e serve para dissipar qualquer influência energética densa. Muitos praticantes, ao visualizarem a espada, imaginam-se segurando-a com as próprias mãos ou, alternativamente, veem Miguel empunhando-a ao seu lado, pronto para defender e proteger. Esta imagem poderosa cria uma sensação imediata de segurança, como se nada pudesse penetrar o escudo de luz que a espada proporciona.

O escudo é outro símbolo sagrado e igualmente poderoso de Miguel. Ele representa uma barreira protetora contra todas as formas de agressão espiritual e energética. O escudo de Miguel não é um escudo comum; ele é visto como um campo de força, uma energia que envolve a pessoa e que impede a entrada de qualquer forma de negatividade. Ao ativar esse símbolo, o praticante se torna consciente de sua própria força e de sua capacidade de manter a integridade espiritual em qualquer circunstância.

Na visualização do escudo de Miguel, a imagem que surge é a de um campo azul, transparente, mas impenetrável, que envolve o corpo completamente. Esse campo energético não apenas protege, mas também fortalece, criando uma aura de confiança e serenidade. Durante o dia, em momentos de desafios ou confrontos emocionais, muitos visualizam o escudo de Miguel ao redor de seu corpo, como uma armadura invisível que repele qualquer energia indesejada. O escudo também pode ser usado em meditações específicas para preparar o praticante para situações de grande exposição energética, como encontros, apresentações ou viagens.

A balança é um símbolo menos conhecido, mas profundamente significativo. Ela representa o papel de Miguel como guardião da justiça e da verdade. Na iconografia tradicional, a balança é associada ao julgamento, à ponderação e à busca pelo equilíbrio. O arcanjo é visto como o defensor de um julgamento justo e imparcial, alguém que pesa não apenas as ações, mas as intenções. Quando se utiliza o símbolo da balança em práticas espirituais, o objetivo é trazer à tona a capacidade de avaliar decisões e situações com clareza e honestidade.

Em momentos de indecisão ou confusão, visualizar a balança de Miguel ajuda o praticante a encontrar um ponto de equilíbrio interior, a considerar todas as opções e a escolher o caminho mais justo e alinhado com seus princípios. Essa prática é especialmente útil para aqueles que enfrentam dilemas morais ou precisam tomar decisões importantes, pois a balança de Miguel ajuda a enxergar a verdade oculta, pesando com justiça os prós e contras de cada escolha. A prática de invocar a balança é, portanto, um exercício de autorreflexão, uma oportunidade para alinhar o espírito com a justiça e a retidão que Miguel representa.

A chama azul é um símbolo de purificação e transformação. Miguel é frequentemente associado a essa chama, que possui um poder transmutador, capaz de transformar energias densas e limpar o ambiente de influências negativas. A chama azul de Miguel é considerada uma força divina, uma energia que não só protege, mas também renova e cura. Ela atua como um fogo espiritual, queimando e transmutando tudo o que não ressoa com a luz e a verdade.

Em práticas espirituais, a chama azul é visualizada como um fogo intenso que envolve o corpo, o ambiente ou até mesmo objetos, transmutando qualquer negatividade em pura luz. O praticante pode imaginar que está envolvido por essa chama, sentindo o calor suave e acolhedor que purifica a alma. É um exercício poderoso para momentos de sobrecarga emocional, quando o espírito se sente pesado ou perturbado. A chama azul de Miguel tem o poder de dissolver essas cargas, proporcionando uma sensação de alívio e renovação.

Para alguns, a chama azul também é uma fonte de cura. Em situações de desequilíbrio físico ou emocional, visualizar essa chama ao redor de uma área específica do corpo ou em torno da própria aura auxilia no processo de restabelecimento. É como se a chama agisse diretamente sobre as áreas de dor ou desconforto, restaurando o equilíbrio e promovendo a harmonia interna. Aqueles que praticam com a chama azul sentem que estão envolvidos por uma proteção contínua, como se o próprio Miguel estivesse ao lado, sustentando-os e guiando-os.

Esses símbolos sagrados de Miguel podem ser usados em conjunto ou de maneira individual, dependendo das necessidades do momento. Há praticantes que criam um altar dedicado a Miguel, onde colocam representações desses símbolos – uma miniatura de espada, um escudo ou uma vela azul – para invocá-lo em momentos de necessidade. Esse altar serve como um ponto focal para a conexão com o arcanjo, e cada símbolo atua como uma âncora que facilita o contato com sua energia. Quando esses símbolos estão fisicamente presentes no ambiente, eles ajudam a fortalecer o campo energético e a aumentar a sensação de segurança e presença divina.

A invocação dos símbolos de Miguel também pode ser feita através de gestos e palavras. Durante um ritual ou uma prática meditativa, o praticante pode traçar com as mãos o formato de uma espada ou de um escudo, visualizando que essas formas ganham vida e poder ao serem invocadas. Este ato simbólico ativa a energia de Miguel de maneira concreta, criando uma ligação direta com seu campo protetor. Usar palavras como "Eu ativo o escudo de proteção de Miguel" ou "Que a chama azul de Miguel me envolva e purifique" intensifica o efeito da prática, ancorando os símbolos em um nível mais profundo do ser.

Cada um dos símbolos sagrados de Miguel oferece uma resposta para diferentes aspectos da vida espiritual e pessoal. A espada fornece a coragem para enfrentar o desconhecido e para combater as sombras internas e externas; o escudo estabelece uma defesa invisível, um escudo que repele qualquer ameaça; a balança promove o discernimento e a justiça em decisões e dilemas; e a chama azul transforma e renova, limpando o caminho para uma vida de paz e harmonia. Esses símbolos, quando usados conscientemente, tornam-se aliados espirituais, presentes que Miguel concede para fortalecer e proteger aqueles que buscam sua presença.

Ao integrar esses símbolos na prática diária, o praticante cria um campo de proteção e força ao seu redor que o acompanha em todos os momentos. Não são apenas instrumentos de defesa, mas também fontes de poder pessoal, que ampliam a confiança, a coragem e a capacidade de viver com integridade. Cada símbolo é uma manifestação do próprio Miguel, uma extensão de sua essência e de sua missão de proteção e justiça.

Assim, os símbolos sagrados do Arcanjo Miguel são mais do que representações; eles são portas de entrada para uma conexão mais profunda com esse guardião celestial. Ao invocá-los, o praticante não apenas chama pela proteção de Miguel, mas também pela sua sabedoria, sua coragem e sua capacidade de ver além das aparências. É através desses símbolos que Miguel se manifesta, guiando, protegendo e oferecendo sua luz àqueles que o chamam.

Capítulo 7
A Espada de Luz

A espada de luz do Arcanjo Miguel é uma ferramenta sagrada, reverenciada em inúmeras tradições espirituais como símbolo de coragem, pureza e justiça. Mais do que uma arma, ela representa o poder da verdade, a clareza de intenção e a força para cortar laços que aprisionam a alma. Na jornada espiritual, esse instrumento torna-se um auxílio essencial, guiando aqueles que desejam libertar-se de influências negativas, superar medos profundos e alcançar um estado de equilíbrio interior. Este capítulo explora a natureza e o uso da espada de luz como um ritual de purificação e libertação, onde o praticante se aproxima de Miguel para romper barreiras e transcender limitações.

Visualizar a espada de Miguel é como invocar um raio de luz que penetra nas camadas mais densas da existência. Ao segurar essa espada em pensamento ou intenção, o praticante sintoniza-se com a energia do arcanjo, pedindo que ele o auxilie a cortar vínculos e influências que impedem seu progresso espiritual. Este ritual não é apenas um processo simbólico; ele é uma prática que, quando feita com convicção e sinceridade, cria um campo de força protetor ao redor do praticante, uma barreira que o mantém em sintonia com as energias mais elevadas.

O ritual com a espada de luz começa com a preparação do ambiente. Escolher um espaço tranquilo, onde o praticante possa concentrar-se sem distrações, é essencial. Como em outras práticas espirituais, é útil acender uma vela azul e um incenso de limpeza, como o olíbano ou a sálvia, que facilitam a purificação do espaço. Esses elementos criam uma atmosfera sagrada, uma base sobre a qual a energia de Miguel pode ser ancorada. Cada gesto, desde o acender da vela até a fumaça que sobe do incenso, faz parte de um processo intencional que ajuda a estabelecer uma conexão profunda com o arcanjo.

    Uma vez que o ambiente esteja preparado, o praticante deve entrar em um estado de serenidade. Sentar-se em posição confortável, fechar os olhos e concentrar-se na respiração são passos iniciais para aquietar a mente e permitir que o foco se dirija totalmente ao ritual. É nesse momento que ele pode começar a visualizar a espada de luz de Miguel. Essa espada pode surgir em sua mente de diversas formas, mas sempre emana uma luz azul brilhante, intensa e penetrante. Ao visualizar essa luz, o praticante deve imaginar que essa espada está em suas mãos, ou, se preferir, que o próprio Miguel está segurando-a ao seu lado, pronto para agir.

    Com a espada visualizada, o próximo passo é direcionar a intenção para cortar os laços que trazem desconforto ou que são prejudiciais. Esses laços energéticos, também conhecidos como cordões ou vínculos, podem ser criados por relacionamentos complicados, situações traumáticas ou mesmo padrões de comportamento que se repetem e dificultam o crescimento espiritual. A presença desses laços faz com que a pessoa sinta-se limitada ou presa a emoções negativas, e o ritual com a espada de luz busca liberar essas conexões de forma compassiva e definitiva.

    Para iniciar o corte desses laços, o praticante deve identificar os aspectos ou situações que deseja liberar. Esse processo de reconhecimento é crucial, pois traz à tona as energias que precisam ser purificadas. A espada de luz, então, é visualizada movendo-se sobre essas áreas, cortando os laços com precisão e firmeza. Durante o ritual, o praticante pode dizer palavras de libertação, como: "Com a espada de luz de Miguel, eu libero todos os vínculos que já não servem ao meu bem maior. Que eles se desfaçam na luz, com gratidão e paz." Essas palavras reforçam a intenção e afirmam o compromisso do praticante com o processo de libertação.

Enquanto os laços são cortados, é comum que o praticante sinta uma leveza, como se um peso estivesse sendo retirado de seus ombros. Essa sensação é um sinal de que a energia de Miguel está atuando diretamente sobre seu campo energético, auxiliando-o a se desvencilhar das influências negativas. Esse alívio pode vir acompanhado de uma sensação de calor ou de um brilho interior, um indicador de que a espada de luz está cumprindo seu papel. A energia de Miguel é transformadora, e aqueles que realizam esse ritual frequentemente relatam uma sensação de clareza e renovação espiritual.

Após o corte dos laços, o praticante deve visualizar a espada emitindo uma luz intensa que se expande para envolver todo o seu corpo. Essa luz atua como uma proteção, impedindo que novas influências negativas se conectem ao seu campo energético. Esse momento é um convite para que Miguel continue a guiar e proteger, fortalecendo a integridade espiritual e emocional do praticante. Visualizar a luz expandindo-se ao redor do corpo é um símbolo de libertação, um sinal de que o espaço antes ocupado por energias indesejadas agora é preenchido por pureza, força e confiança.

A conclusão do ritual pode ser feita com uma breve oração de gratidão ao Arcanjo Miguel, reconhecendo sua presença e sua ajuda. A gratidão fortalece o vínculo entre o praticante e Miguel, demonstrando que sua presença é recebida com reverência e respeito. Uma frase simples, como "Arcanjo Miguel, gratidão por tua luz e por tua força. Que tua proteção esteja sempre comigo", encerra o ritual de forma harmoniosa, deixando o praticante em um estado de paz e plenitude.

Alguns optam por selar o ritual com um gesto simbólico, como cruzar os braços sobre o peito, em um ato de proteção e autoaceitação. Este gesto finaliza o processo de libertação com um momento de acolhimento, como se o praticante estivesse se abraçando e afirmando sua liberdade. É um lembrete de que a proteção de Miguel é contínua e de que sua luz permanecerá ao lado daquele que busca viver em harmonia consigo mesmo e com os outros.

A prática com a espada de luz pode ser repetida sempre que o praticante sentir necessidade de limpar seu campo energético ou de se libertar de padrões que o aprisionam. Muitos estabelecem essa prática como um ritual mensal ou mesmo semanal, incorporando-o a uma rotina de autocuidado espiritual. Com o tempo, o vínculo com a espada de luz se torna mais forte, e o praticante percebe que não é apenas um exercício de visualização, mas uma verdadeira transformação interior, que fortalece o espírito e desperta a coragem para enfrentar as sombras da vida.

A espada de luz do Arcanjo Miguel é, portanto, muito mais do que um símbolo. Ela é uma força ativa que desperta no praticante a capacidade de tomar controle sobre suas próprias energias, de cortar tudo o que o prende e de caminhar com liberdade e confiança. Ao invocar essa espada, a pessoa não apenas busca proteção, mas também o poder de viver uma vida em alinhamento com a verdade e a integridade. Assim, a espada de Miguel torna-se um guia, uma ferramenta e um lembrete de que, em qualquer situação, é possível escolher o caminho da luz.

Capítulo 8
O Escudo de Proteção

O escudo de proteção do Arcanjo Miguel é um símbolo de defesa espiritual, um campo de força invisível que se ergue entre o praticante e qualquer influência negativa que o rodeia. Este escudo, muito além de uma imagem simbólica, é visto como um recurso espiritual poderoso, projetado para repelir energias densas, proteger contra ataques psíquicos e fortalecer o campo áurico. Ele serve como uma barreira impenetrável que mantém a integridade do praticante, preservando sua paz interior e evitando que ele absorva energias externas indesejadas.

A prática de ativação do escudo de proteção envolve um estado de preparação e concentração, onde o praticante sintoniza-se com a energia de Miguel para construir essa defesa espiritual. Assim como na prática com a espada de luz, o ambiente é parte fundamental do processo, devendo ser limpo e preparado para receber a energia do arcanjo. Antes de iniciar a visualização do escudo, é comum que o praticante acenda uma vela azul e um incenso purificador, como o cedro ou o sândalo, que auxiliam a elevar a vibração do ambiente e criam uma atmosfera de paz.

Para começar, o praticante deve encontrar uma posição confortável e relaxar. Fechar os olhos, focar na respiração e aquietar a mente são os primeiros passos para se alinhar com a energia protetora de Miguel. Este estado de serenidade permite que a presença do arcanjo seja sentida de maneira mais profunda, facilitando o processo de visualização. Cada inspiração é uma oportunidade de sentir o arcanjo mais próximo, e cada expiração é um modo de liberar qualquer tensão ou ansiedade que possa interferir na conexão.

Com a mente calma e o coração aberto, o praticante começa a visualizar o escudo de Miguel tomando forma ao seu redor. Este escudo é geralmente percebido como uma luz azulada que se expande desde o centro do peito, criando uma bolha protetora que envolve o corpo inteiro. A luz é forte, vibrante, e conforme o praticante a visualiza, ela começa a pulsar, tornando-se uma barreira cada vez mais sólida e impenetrável. Essa imagem de proteção intensa fortalece o campo energético do praticante, afastando qualquer energia externa que possa tentar atravessar o escudo.

Durante a visualização, o praticante pode recitar uma invocação simples, como: "Arcanjo Miguel, que teu escudo de proteção me envolva e me defenda. Que nenhuma energia negativa tenha acesso a mim. Que eu esteja seguro e em paz, sob tua proteção." Essas palavras atuam como um comando, um pedido direto que estabelece a presença de Miguel e reforça o poder do escudo. A repetição da invocação ajuda a mente a se concentrar, ampliando a eficácia da visualização e criando uma ligação ainda mais forte com o arcanjo.

A prática do escudo é particularmente útil em situações onde o praticante sente-se vulnerável a energias externas. Isso pode incluir ambientes carregados, encontros com pessoas emocionalmente densas ou mesmo períodos de alta sensibilidade emocional. O escudo não apenas protege contra a entrada de energias negativas, mas também auxilia o praticante a manter sua própria energia intacta, evitando o esgotamento que muitas vezes ocorre em situações de grande pressão emocional ou mental.

Em momentos de desafio ou tensão, o praticante pode reforçar o escudo de Miguel. Esta prática consiste em uma visualização rápida, onde o escudo é intensificado e fortalecido, criando uma barreira ainda mais espessa e resistente. Mesmo em situações em que o praticante está longe de seu espaço de prática habitual, ele pode, em um breve momento de concentração, ativar o escudo e sentir a proteção de Miguel ao seu redor. Este ato de reforço rápido é uma maneira eficaz de lidar com eventos inesperados ou encontros com energias densas.

Além de proteger o praticante, o escudo de Miguel também pode ser estendido para proteger outras pessoas ou espaços. Em situações onde entes queridos precisam de proteção, o praticante pode visualizar o escudo envolvendo essa pessoa ou o local que deseja proteger. Esse processo de proteção à distância é feito da mesma forma que o escudo pessoal, mas direcionado àqueles que se deseja amparar. Por exemplo, visualizando a casa de um familiar ou o espaço de trabalho cercado pela luz azul do escudo de Miguel, o praticante cria um campo de proteção que impede que energias negativas invadam aquele ambiente.

Essa prática de proteção estendida é particularmente útil para aqueles que têm familiares, amigos ou colegas que enfrentam dificuldades ou estão passando por momentos de vulnerabilidade. A proteção de Miguel é universal e pode ser compartilhada, desde que o praticante invoque o escudo com intenção clara e sincera. Com o tempo, esta prática de proteção não só cria uma rede de segurança para o próprio praticante, mas também para aqueles que ele cuida, oferecendo um suporte energético constante e resiliente.

O escudo de Miguel também é um instrumento eficaz para fortalecer o estado emocional e mental do praticante. Nos dias em que sentimentos de insegurança, medo ou dúvida surgem, visualizar o escudo ao redor do corpo ajuda a estabilizar as emoções e a restaurar a confiança. Este escudo, além de proteger contra influências externas, também atua internamente, criando um campo de força que ampara o coração e a mente, dando ao praticante a firmeza necessária para enfrentar seus desafios internos. É um lembrete constante de que, mesmo nos momentos de maior fragilidade, Miguel está presente, guardando e protegendo.

Para aqueles que praticam regularmente com o escudo, a sensação de proteção torna-se quase automática, e a visualização passa a ser um gesto simples e natural, como um reflexo que ocorre em momentos de necessidade. Esta prática frequente torna o escudo uma parte integrante do campo áurico, e muitos relatam que, com o tempo, conseguem perceber a presença do escudo ao seu redor, mesmo sem a visualização intencional. Este escudo constante é como uma segunda pele energética, que impede o acúmulo de influências externas e mantém o praticante em sintonia com sua própria essência.

O fechamento do ritual de proteção com o escudo é um ato de gratidão e de entrega. Após a visualização e as palavras de invocação, o praticante pode tomar um momento para agradecer a Miguel por sua presença e por seu amparo. Essa gratidão é um gesto de humildade, um reconhecimento de que a proteção divina está disponível para todos aqueles que a buscam com sinceridade. Palavras simples, como "Gratidão, Arcanjo Miguel, por tua proteção e por teu escudo. Que tua presença me guarde sempre", são suficientes para selar a prática com reverência e paz.

Ao longo do tempo, o escudo de proteção torna-se não apenas um instrumento para afastar a negatividade, mas uma manifestação de força e autoconfiança. Ele lembra ao praticante que a verdadeira proteção vem do interior, do estado de alinhamento com a própria verdade e com o propósito espiritual. A presença de Miguel é uma fonte de segurança, mas também um convite à autossuficiência, onde o escudo se torna uma extensão da própria vontade de viver em equilíbrio e paz.

Assim, o escudo de proteção de Miguel é muito mais do que um ritual ocasional; ele é um recurso constante, uma prática que promove um estado de segurança e serenidade em todos os momentos da vida. Com cada ativação, o praticante fortalece não apenas sua conexão com o arcanjo, mas também sua capacidade de manter-se firme, equilibrado e protegido. O escudo de Miguel é, em última análise, um símbolo de união entre o humano e o divino, uma barreira de luz que protege, fortalece e guia aqueles que o invocam com devoção e confiança.

Capítulo 9
A Balança Divina

A balança divina do Arcanjo Miguel é um símbolo que transcende a ideia de julgamento terreno, representando a busca pelo equilíbrio, pela justiça e pela retidão que orienta as almas em sua jornada. Essa balança não apenas pesa ações e intenções, mas também guia aqueles que buscam clareza e discernimento em suas decisões. Miguel, conhecido como defensor da verdade e guardião das almas, utiliza a balança como um emblema de justiça absoluta, onde o equilíbrio é alcançado através da integridade e da coragem moral.

Na prática espiritual, a balança de Miguel é invocada como uma ferramenta para tomar decisões, avaliar situações complexas e promover a harmonia interior. A essência deste símbolo está na capacidade de discernir com imparcialidade, um convite para que o praticante busque a verdade com humildade e honestidade. A balança é, portanto, uma representação do equilíbrio cósmico, da justiça divina que transcende o entendimento humano, um lembrete de que todas as escolhas têm um peso e uma consequência.

Para trabalhar com a balança de Miguel, o praticante deve começar com um momento de introspecção. Sentar-se em um local tranquilo, fechar os olhos e focar na respiração são passos iniciais que ajudam a criar uma atmosfera de calma e receptividade. Esse estado de serenidade é essencial para que a energia de Miguel possa atuar plenamente, ajudando o praticante a acessar sua intuição e a escutar sua voz interior. Esse é o momento em que o praticante abre espaço para a presença do arcanjo, permitindo que ele guie o processo de avaliação e equilíbrio.

Ao sentir-se centrado, o praticante começa a visualizar a balança de Miguel. Em sua mente, ele vê uma balança dourada, perfeitamente equilibrada, brilhando com uma luz suave e acolhedora. Essa luz representa a justiça e a sabedoria do arcanjo, uma claridade que ilumina as áreas de dúvida ou confusão. Cada prato da balança reflete uma escolha ou uma possibilidade, e, ao contemplá-la, o praticante permite que Miguel lhe mostre qual caminho é mais alinhado com a verdade e o bem maior.

Durante a visualização, o praticante pode fazer perguntas a Miguel, buscando orientação sobre situações que necessitam de clareza e equilíbrio. Questões como "Este é o melhor caminho para mim?", "Essa decisão está de acordo com meus valores?" ou "Estou agindo com justiça e integridade?" são perguntas que podem ser colocadas na balança. À medida que a visualização se aprofunda, o praticante percebe como cada escolha pesa na balança, entendendo de maneira intuitiva o que é justo e equilibrado.

A balança de Miguel é especialmente útil em momentos de conflitos emocionais ou decisões difíceis. Ela ajuda o praticante a discernir entre impulsos e valores, a avaliar as escolhas com base na verdade interior e na ética. Esse processo não é apenas mental, mas também emocional e espiritual, pois a balança de Miguel reflete não apenas a lógica, mas o que ressoa com a alma. Ao observar a balança, o praticante pode sentir que certas opções pesam mais, indicando que talvez não estejam em harmonia com seus propósitos mais elevados.

Em alguns casos, o praticante pode utilizar objetos simbólicos para representar as escolhas e colocá-los em um pequeno altar ou espaço sagrado. Colocar uma pedra em cada lado da balança ou simplesmente visualizar esses objetos é uma forma de externalizar o processo de escolha, facilitando a compreensão das opções. Ao visualizar ou tocar esses objetos, o praticante se conecta com a energia da balança de Miguel, que o ajuda a ver a verdade além das aparências e a agir com justiça.

Além disso, uma invocação à balança de Miguel pode ser feita para intensificar o processo de discernimento. Uma frase como "Arcanjo Miguel, que tua balança divina revele o caminho justo e equilibrado. Que eu aja com integridade e busque a verdade em todas as minhas escolhas" ajuda o praticante a entrar em sintonia com a sabedoria do arcanjo. Essas palavras estabelecem uma conexão direta, uma abertura para que a presença de Miguel atue como uma força de orientação e esclarecimento.

A prática com a balança de Miguel não se limita apenas às decisões pessoais; ela também pode ser utilizada para promover o equilíbrio emocional. Em momentos de agitação, medo ou raiva, visualizar a balança ajuda o praticante a retornar a um estado de serenidade e neutralidade. Essa prática é especialmente útil para aqueles que enfrentam situações estressantes ou desafiadoras, pois a balança de Miguel oferece um ponto de apoio, uma âncora de estabilidade em meio às turbulências emocionais.

Em certas tradições, a balança de Miguel é também utilizada para o processo de autoperdão e liberação de culpa. Muitas vezes, o praticante carrega o peso de erros ou arrependimentos que interferem em sua paz interior. Ao colocar esses sentimentos na balança de Miguel, ele é capaz de perceber que o julgamento verdadeiro é baseado na compaixão e na compreensão. A balança não é um instrumento de condenação, mas sim de aprendizado e crescimento. Ela permite que o praticante libere-se de cargas emocionais desnecessárias e reencontre o caminho da autocompaixão e da cura.

Outro uso importante da balança é o fortalecimento da ética e da integridade. A prática constante com a balança de Miguel ajuda o praticante a desenvolver um senso de justiça interior, uma bússola moral que orienta suas ações e escolhas. Este exercício de introspecção permite que ele se alinhe cada vez mais com valores de verdade e honestidade, promovendo um comportamento coerente e ético em sua vida cotidiana. A balança, neste sentido, torna-se uma presença contínua que o acompanha, lembrando-o de que suas ações e intenções devem sempre estar em equilíbrio.

Em rituais de grupo, a balança de Miguel pode ser invocada para promover a harmonia e a cooperação entre os participantes. Durante reuniões ou práticas coletivas, a presença da balança ajuda a criar um ambiente de respeito mútuo e compreensão, onde cada voz é ouvida e cada opinião é valorizada. Esta prática fortalece o espírito de unidade e equidade, tornando o grupo mais coeso e alinhado com o propósito comum.

Ao final da prática com a balança, é recomendável que o praticante reserve um momento para expressar gratidão a Miguel pela clareza e discernimento proporcionados. Esse gesto de gratidão não apenas reforça o vínculo com o arcanjo, mas também consolida as lições aprendidas durante o processo de reflexão. A gratidão atua como uma energia de conclusão, encerrando a prática com paz e reconhecendo a orientação recebida.

Trabalhar com a balança divina de Miguel é, portanto, uma jornada de autodescoberta e equilíbrio. É uma prática que transcende o ato de tomar decisões, transformando-se em uma filosofia de vida, onde cada escolha é ponderada e cada ação é guiada pela integridade. A balança de Miguel lembra ao praticante que a verdadeira justiça não é severa ou punitiva, mas sim compassiva e sábia. Ao cultivar essa prática, o praticante desenvolve uma relação mais íntima com Miguel, aprendendo a agir de acordo com a verdade de sua alma e com o bem maior.

Este símbolo de Miguel é um convite constante para buscar o equilíbrio em todos os aspectos da vida. Seja nas relações, nas escolhas ou no próprio processo de autocompreensão, a balança divina orienta o praticante a viver com autenticidade e justiça. Ela ensina que a paz interior é alcançada quando cada aspecto da vida está em harmonia e quando o coração e a mente estão em sincronia com a vontade divina. Ao invocar a balança de Miguel, o praticante se aproxima de um estado de completude, onde suas ações são reflexo de sua essência, e onde a busca pela verdade se torna uma jornada de amor e sabedoria.

Capítulo 10
A Chama Azul

A chama azul do Arcanjo Miguel é um símbolo de transformação, proteção e purificação. Este fogo espiritual é uma manifestação da energia de Miguel, e seu uso é difundido em diversas práticas espirituais como um instrumento de cura e de transmutação de energias negativas. A chama azul não apenas dissipa as influências indesejadas, mas também promove um processo de renovação, restaurando a paz e o equilíbrio tanto no campo físico quanto no emocional e espiritual. Ao invocar essa chama, o praticante acessa um nível de proteção profunda e um poder que revitaliza e harmoniza seu ser.

A prática com a chama azul começa com a criação de um espaço sagrado e a preparação do ambiente para que a energia de Miguel se manifeste plenamente. O praticante pode acender uma vela azul, símbolo direto da chama de Miguel, e um incenso de limpeza, como o olíbano ou a lavanda, que intensificam a vibração espiritual do espaço. Ao criar um ambiente propício, o praticante está não apenas se preparando externamente, mas também alinhando seu campo energético para receber a força de Miguel.

Sentado confortavelmente, o praticante fecha os olhos e começa a se concentrar na respiração, inspirando e expirando lentamente para trazer paz ao corpo e à mente. Cada respiração é uma oportunidade de encher-se de calma e de esvaziar-se de qualquer distração ou ansiedade. Ao alcançar um estado de serenidade, o praticante visualiza uma chama azul intensa e brilhante no centro de seu peito, irradiando calor e luz. Essa chama representa a essência de Miguel, uma força protetora que o envolve completamente, criando uma sensação de segurança e tranquilidade.

A chama azul é visualizada expandindo-se a partir do centro do corpo, cobrindo o coração e então fluindo por todo o corpo, da cabeça aos pés. Ao ser envolvido por essa chama, o praticante sente uma leveza e uma liberação de tensões e pesos acumulados. Esta chama, ao contrário de uma chama física, não queima; ela conforta, acalma e purifica. Sua cor azul, associada à paz e à introspecção, cria uma barreira suave que afasta qualquer influência negativa que esteja no campo energético do praticante.

A chama azul é também um poderoso recurso de cura emocional. Ao visualizá-la envolvendo o coração, o praticante permite que Miguel atue sobre suas emoções, transmutando dores, mágoas e ressentimentos em serenidade e aceitação. Essa prática é especialmente útil em momentos de conflito ou em períodos de luto, quando o coração carrega um peso que parece difícil de aliviar. A chama azul dissipa essa carga emocional, permitindo que o praticante encontre novamente o equilíbrio e a paz interior. Cada expiração durante essa prática é um ato de liberação, como se cada resquício de dor estivesse sendo dissolvido pela chama.

Além da cura emocional, a chama azul pode ser usada para a purificação do ambiente. Muitos praticantes acreditam que ambientes onde há uma grande circulação de pessoas ou que acumulam tensões podem reter energias densas. A chama azul é invocada nesses casos como um fogo purificador, que limpa e harmoniza o espaço. Para isso, o praticante visualiza a chama azul expandindo-se, preenchendo o ambiente e dissolvendo qualquer sombra ou energia negativa. Pode-se acompanhar essa visualização com uma oração: "Arcanjo Miguel, que tua chama azul purifique este espaço. Que toda energia densa se dissipe e que a paz reine aqui."

A chama azul de Miguel também atua como um recurso para transmutar pensamentos negativos e padrões mentais autodestrutivos. Ao visualizar essa chama na área da cabeça ou ao redor do chakra da mente, o praticante permite que Miguel auxilie na limpeza das energias mentais que estão em desequilíbrio.

Pensamentos de medo, dúvida e autocrítica são dissolvidos e transformados em clareza e confiança. A chama azul age como um alívio para a mente inquieta, trazendo uma sensação de liberdade mental e proporcionando uma visão mais ampla e positiva da vida.

Outro uso importante da chama azul é a proteção espiritual. Em situações onde o praticante sente-se vulnerável ou exposto a energias densas, ele pode invocar a chama azul para criar um escudo protetor. Essa prática é especialmente útil em locais públicos, como no trabalho, em reuniões ou em qualquer ambiente onde haja uma grande concentração de pessoas. Visualizar a chama azul formando um escudo ao redor do corpo cria uma barreira que impede a entrada de energias externas e mantém o praticante em um estado de serenidade e equilíbrio.

Para aqueles que enfrentam desafios espirituais mais intensos, a chama azul pode ser usada como uma defesa contra influências psíquicas negativas ou ataques energéticos. A chama não apenas repele essas influências, mas também as transforma, neutralizando qualquer intenção prejudicial que venha do exterior. Esse uso da chama azul requer concentração e intenção clara; o praticante deve visualizar-se dentro de uma esfera de chama azul, sentindo-se protegido e inabalável. Esse escudo de luz azul é um lembrete da presença constante de Miguel, que guarda e protege com seu poder.

A chama azul também pode ser invocada para ajudar na resolução de conflitos, sejam eles internos ou com outras pessoas. Ao visualizar essa chama ao redor de si mesmo e da pessoa com quem há um desentendimento, o praticante pede a Miguel que traga clareza, compaixão e entendimento mútuo. Essa prática ajuda a dissipar ressentimentos e a promover um diálogo mais harmônico, onde o julgamento e a defensividade dão lugar ao respeito e à compreensão. A chama azul facilita o caminho para o perdão, permitindo que ambos encontrem um ponto de reconciliação.

Ao final de uma prática com a chama azul, é comum que o praticante sinta uma paz profunda, como se um peso tivesse sido removido. Esse estado de leveza e serenidade é uma indicação de que a energia de Miguel atuou com eficácia, transformando o que precisava ser transmutado e restaurando a harmonia. A gratidão é o encerramento natural dessa prática, e o praticante pode expressar palavras de agradecimento a Miguel por sua proteção, por sua purificação e pelo conforto proporcionado. Uma frase como "Gratidão, Arcanjo Miguel, por tua chama azul que purifica e protege. Que tua luz esteja sempre ao meu lado" encerra a prática com reverência e gratidão.

Para aqueles que desejam manter a chama azul ativa em sua vida cotidiana, é recomendável dedicar alguns minutos diários a essa prática. Visualizar a chama azul pela manhã, antes de começar o dia, é uma forma de preparar-se energeticamente para o que está por vir, criando um campo de proteção e serenidade. Essa prática regular fortalece a conexão com Miguel e ajuda o praticante a enfrentar os desafios diários com maior clareza e resiliência.

A chama azul do Arcanjo Miguel é, portanto, um presente de cura e renovação. Ela não apenas protege contra o que é negativo, mas também transforma o praticante em uma pessoa mais forte, mais serena e mais alinhada com sua própria essência. Este fogo espiritual é um símbolo do poder de Miguel e de sua presença constante, uma lembrança de que, em qualquer situação, o praticante pode acessar essa chama e encontrar nela o amparo e a orientação de que precisa. Assim, a chama azul se torna uma companheira espiritual, um recurso sempre disponível que purifica, fortalece e eleva o espírito para viver com coragem e paz.

Capítulo 11
Atributos Espirituais do Arcanjo Miguel

A presença do Arcanjo Miguel é marcada por atributos espirituais que ultrapassam os limites do visível e se ancoram profundamente no campo da consciência. Ele é conhecido por sua coragem, força, justiça e compaixão — qualidades que fazem dele um verdadeiro guardião e exemplo para aqueles que buscam o crescimento espiritual. Cada um de seus atributos não só representa uma virtude, mas também um convite para que o praticante incorpore esses aspectos em seu próprio caminho. Neste capítulo, exploraremos como esses atributos podem ser compreendidos e integrados no cotidiano, criando um alinhamento com a energia protetora e sábia de Miguel.

A coragem é um dos principais atributos de Miguel, manifestando-se como uma força invencível que guia e protege os que o invocam. Sua coragem não se limita ao combate ao mal; ela é também uma coragem silenciosa, a capacidade de enfrentar os desafios da vida com fé e determinação. Ao incorporar a coragem de Miguel, o praticante começa a transformar o medo em um impulso para agir e superar barreiras. Nas situações diárias, Miguel ensina que a coragem é a disposição de enfrentar nossas próprias sombras, nossos próprios receios, e de abrir mão das ilusões que nos aprisionam.

Para acessar essa coragem, é útil que o praticante se conecte com Miguel em momentos de insegurança, buscando uma força que vem do coração. Uma prática simples consiste em fechar os olhos, concentrar-se na respiração e visualizar Miguel ao seu lado, irradiando uma luz azul intensa que envolve o praticante, transmitindo-lhe coragem e confiança. Ao visualizar essa energia, o praticante pode repetir uma afirmação como: "Que a coragem de Miguel flua em meu coração e me inspire a enfrentar todos os desafios com firmeza." Essa prática regular fortalece a confiança e ajuda a estabelecer um vínculo com o arcanjo, uma presença que sempre lembra ao praticante que ele é mais forte do que imagina.

A justiça é outro atributo fundamental de Miguel, que é frequentemente representado com uma balança em uma das mãos. Miguel não apenas representa a justiça, mas o equilíbrio entre compaixão e retidão. Ele age como um exemplo de julgamento justo, imparcial e orientado pela verdade divina, oferecendo-nos uma visão de justiça que transcende a punição e se baseia na compreensão e no aprendizado. A justiça de Miguel nos lembra que a verdadeira justiça está enraizada na sabedoria, na capacidade de ver além do superficial e de avaliar cada situação com discernimento e bondade.

Para incorporar esse atributo, o praticante deve refletir sobre suas próprias ações, buscando agir com justiça em todas as circunstâncias. Em momentos de dúvida, quando é necessário tomar uma decisão ética, ele pode invocar Miguel, pedindo-lhe que o ajude a enxergar a verdade e a agir com integridade. Uma prática útil é visualizar a balança de Miguel, imaginando que cada prato dessa balança representa uma escolha ou uma ação, equilibrando-a com honestidade e transparência. Este exercício ajuda o praticante a avaliar suas escolhas com objetividade, promovendo o desenvolvimento de um senso de justiça próprio, alinhado aos valores universais de retidão e integridade.

Outro atributo essencial de Miguel é sua força, que vai além do físico e se manifesta como uma força espiritual inabalável. Miguel é visto como o defensor das almas, um protetor que permanece inquebrantável diante de qualquer adversidade. Ao trazer essa força para sua vida, o praticante aprende a se manter firme, mesmo nas situações mais desafiadoras. Essa força é a resiliência que permite que ele permaneça centrado e confiante, sem ceder às influências externas ou aos obstáculos que surgem em seu caminho.

A força de Miguel é acessada quando o praticante invoca sua presença em momentos de fraqueza ou desânimo. Visualizar uma luz azul pulsando no centro do peito, que cresce e se expande com cada respiração, ajuda a ancorar essa força. Durante essa prática, ele pode repetir mentalmente: "Arcanjo Miguel, que tua força me envolva e sustente em cada passo que eu der." Com o tempo, essa prática torna-se uma fonte de poder interno, uma força que se revela nas pequenas ações diárias e nas grandes escolhas da vida.

A compaixão, embora muitas vezes não associada à imagem do guerreiro celeste, é um atributo profundo de Miguel. Sua missão não é apenas proteger, mas guiar as almas com amor e paciência, oferecendo-lhes oportunidades de crescimento. A compaixão de Miguel reflete-se em sua capacidade de agir sem julgamento, de entender as fraquezas humanas e de oferecer apoio incondicional. Esse atributo é um lembrete de que, por mais forte que seja, Miguel também é uma presença de amor e ternura.

Para cultivar a compaixão de Miguel, o praticante pode meditar sobre suas próprias relações e suas atitudes em relação aos outros. Em momentos de conflito, ele pode pedir a Miguel que o ajude a enxergar a situação com um olhar compassivo, buscando entender as dores e as dificuldades alheias. Visualizar Miguel irradiando uma luz suave e acolhedora, que envolve tanto o praticante quanto aqueles ao seu redor, ajuda a ampliar o coração e a despertar a empatia. Ao praticar a compaixão de Miguel, o praticante aprende a ver a humanidade com um olhar mais compreensivo e a agir com paciência e respeito.

A verdade é outro aspecto central do arcanjo. Miguel é um defensor da verdade e é conhecido por sua habilidade de cortar as ilusões e de iluminar o caminho com clareza. Incorporar esse atributo significa comprometer-se com a própria autenticidade e buscar viver de maneira verdadeira, evitando enganos e máscaras. A verdade de Miguel é um chamado para que cada pessoa viva de acordo com seu próprio propósito, sua essência mais pura, e não apenas com as expectativas externas.

Para desenvolver esse aspecto, o praticante pode fazer uma prática de reflexão diária, perguntando-se: "Hoje, estou sendo verdadeiro com meus sentimentos, meus pensamentos e minhas ações?" Esse simples exercício traz à tona uma autoavaliação sincera, que ajuda o praticante a alinhar-se com a própria verdade. Em momentos de incerteza, ele pode invocar Miguel, pedindo que o ajude a enxergar as situações com clareza e a agir de forma autêntica. A verdade é um guia, e Miguel é um aliado que ajuda a retirar os véus da ilusão, proporcionando uma visão clara e direta do que é real.

O atributo da humildade também é uma qualidade de Miguel, que, apesar de seu poder e autoridade, sempre atua em serviço aos outros. Ele nos ensina que o verdadeiro poder está na disposição de ajudar, de guiar e de proteger sem esperar reconhecimento ou glória. A humildade de Miguel é uma virtude que o praticante pode buscar desenvolver para viver em harmonia com os outros e consigo mesmo.

Para cultivar a humildade de Miguel, o praticante pode refletir sobre suas intenções e ações, buscando agir pelo bem maior e não pelo ganho pessoal. Uma prática de agradecimento diário ajuda a manter a humildade, reconhecendo as bênçãos e os apoios que recebe. Cada gesto de gratidão é uma forma de se lembrar de que ninguém é autossuficiente e que a ajuda e o apoio são essenciais. Miguel inspira o praticante a ser grato e a agir sempre com um coração puro e uma intenção sincera de servir.

Em conjunto, esses atributos — coragem, justiça, força, compaixão, verdade e humildade — constituem um caminho espiritual em si, onde o praticante se torna não apenas um receptor da proteção de Miguel, mas também um espelho de sua energia. Cada atributo é uma etapa no processo de crescimento espiritual, uma peça de um quebra-cabeça que, quando unido, forma uma imagem completa de proteção, sabedoria e amor. Trabalhar esses aspectos na prática diária é como construir uma base sólida onde a luz de Miguel pode se ancorar, transformando o praticante em um verdadeiro canal da presença divina.

Incorporar os atributos de Miguel é, em última análise, uma forma de estar em sintonia com a sua própria essência espiritual e de viver uma vida de propósito e equilíbrio. Cada um desses atributos é uma lição, um convite para que o praticante aprofunde seu autoconhecimento e caminhe com confiança e integridade. Assim, ao emular os atributos de Miguel, ele não só recebe a proteção do arcanjo, mas também se torna um reflexo de sua força e de seu amor, vivendo uma vida que inspira, transforma e fortalece a si mesmo e aqueles ao seu redor.

Capítulo 12
Ritual de Iniciação com o Arcanjo Miguel

O ritual de iniciação com o Arcanjo Miguel é um marco na jornada espiritual, um momento de abertura e entrega em que o praticante estabelece um vínculo mais profundo e permanente com essa presença celestial. Este rito não é apenas uma cerimônia de conexão, mas um compromisso de vivenciar os ensinamentos de Miguel e permitir que sua luz e orientação façam parte da própria essência do praticante. Realizar essa iniciação é como atravessar um portal espiritual, em que a proteção, a força e a sabedoria de Miguel passam a guiar o praticante de maneira contínua e íntima.

A preparação para o ritual é tão importante quanto o ritual em si, pois ela determina a abertura do praticante para receber a energia de Miguel. Para começar, é recomendável escolher um ambiente tranquilo, que seja especial e significativo para a prática espiritual. Esse espaço pode ser um local reservado dentro da própria casa ou um ambiente natural, onde o praticante sente-se em harmonia com a natureza e as forças da criação. Criar uma atmosfera de pureza e serenidade é fundamental para que o praticante entre em sintonia com a frequência vibracional elevada de Miguel.

A limpeza do ambiente, como em outros rituais, é realizada com elementos como incenso, sálvia, ou água consagrada, que ajudam a dissipar quaisquer influências que possam interferir na cerimônia. O incenso de mirra ou de olíbano é especialmente indicado, pois são aromas tradicionais que elevam a energia espiritual e fortalecem a conexão com os reinos angélicos. Durante a preparação do espaço, o praticante deve concentrar-se em sua intenção de se aproximar de Miguel, mantendo o foco na pureza e na sinceridade de sua busca.

Um altar dedicado a Miguel pode ser montado como ponto focal do ritual. Esse altar não precisa ser complexo; ele pode conter itens simbólicos que representem o arcanjo, como uma vela azul, um cristal de proteção, uma pequena imagem ou uma espada em miniatura que simbolize sua força e justiça. Esses elementos, escolhidos com intenção, atuam como âncoras da presença de Miguel, permitindo que o praticante visualize e sinta sua proximidade durante o ritual. A vela, ao ser acesa, representa a luz de Miguel que se faz presente, uma chama que ilumina e protege.

Com o ambiente preparado, o praticante inicia o processo de purificação pessoal. O ideal é que ele tome um banho de limpeza energética, usando sal grosso, alecrim ou algumas gotas de óleo essencial de lavanda para purificar seu campo áurico. Durante o banho, ele deve mentalizar que todas as energias negativas estão sendo lavadas, deixando-o pronto para a iniciação. Essa limpeza é uma forma de entregar ao fluxo da água todas as ansiedades, os medos e os pesos, permitindo que ele se aproxime de Miguel com um coração e uma mente leves e abertos.

Ao final da purificação, o praticante veste roupas claras, preferencialmente brancas, simbolizando a pureza e a renovação. Essas vestes criam uma barreira que ajuda a manter a elevação energética e refletem o respeito e a devoção do praticante pelo ritual. Estar vestido em branco é um gesto de humildade e reverência, um sinal de que o praticante está pronto para receber as bênçãos e a orientação de Miguel com espírito puro e sincero.

No altar, ele acende a vela e o incenso, e, diante desses elementos sagrados, inicia uma oração de invocação ao Arcanjo Miguel. A oração é uma abertura, um pedido direto de que Miguel se faça presente e guie o ritual de iniciação. Esta oração pode ser feita com palavras próprias, que expressem o desejo sincero do praticante de estabelecer um vínculo com Miguel. Uma oração sugestiva pode ser: "Arcanjo Miguel, guardião celestial e defensor da luz, eu te invoco com o coração aberto. Que tua presença seja sentida aqui e agora. Guia-me, fortalece-me e permite que eu seja um canal de tua proteção e coragem. Que este ritual seja um compromisso de minha alma contigo."

Durante a oração, é comum que o praticante comece a sentir uma leve mudança na energia ao seu redor. Para alguns, essa presença se manifesta como uma sensação de calor, uma leve pressão no peito ou nos ombros, ou uma tranquilidade profunda que envolve o ambiente. Esses sinais são indícios de que a energia de Miguel está se aproximando, respondendo ao chamado sincero do praticante. É importante que ele permaneça receptivo e permita que essas sensações fluam, sem julgar ou resistir.

Com a presença de Miguel estabelecida, o próximo passo do ritual é a entrega de intenções. O praticante deve refletir sobre as razões que o levaram a buscar essa conexão, seja o desejo de proteção, a busca por coragem ou a necessidade de orientação espiritual. Essas intenções são o compromisso que ele assume com o arcanjo, uma expressão do que ele busca integrar em sua vida através da influência de Miguel. Durante esse momento, ele pode verbalizar ou mentalizar essas intenções, afirmando claramente suas aspirações. Por exemplo, ele pode dizer: "Que eu seja um instrumento de paz e coragem. Que a força e a justiça de Miguel guiem meus passos e minha vida."

Após a entrega das intenções, o praticante faz uma breve pausa, permitindo-se sentir a profundidade de seu compromisso. Nesse momento, ele pode visualizar uma chama azul crescendo ao redor de seu corpo, como se Miguel o estivesse envolvendo em uma esfera de luz protetora. Essa chama representa a força do arcanjo, um fogo sagrado que purifica, fortalece e transforma. Sentir-se envolvido por essa luz é uma experiência que o ajuda a perceber a presença de Miguel como algo próximo e constante.

Como parte final do ritual de iniciação, o praticante pode recitar um juramento de compromisso. Este juramento é uma expressão de sua dedicação ao caminho espiritual guiado por Miguel, um voto de que ele buscará viver em harmonia com os atributos do arcanjo e agir com coragem, verdade e compaixão. Uma forma de juramento poderia ser: "Eu me comprometo a viver sob a luz e a proteção do Arcanjo Miguel. Que minhas ações reflitam sua verdade e sua justiça. Que minha vida seja um reflexo de sua coragem e força. Este é o caminho que escolho, com o coração firme e em paz."

Concluindo o ritual, o praticante toma um momento para expressar sua gratidão a Miguel. Agradecer é um ato de humildade e reconhecimento, uma forma de mostrar que a conexão estabelecida é preciosa e que a presença do arcanjo será respeitada e honrada. A gratidão também sela o vínculo, deixando uma vibração de harmonia e completude. Uma simples frase de agradecimento, como "Gratidão, Arcanjo Miguel, por tua luz, tua proteção e tua orientação. Que tua presença esteja sempre comigo", encerra o ritual com reverência.

Ao final, ele apaga a vela, observando a fumaça subir como uma representação do encerramento do ritual, levando suas intenções e agradecimentos ao plano espiritual. Nesse ponto, o praticante sente-se renovado e fortalecido, sabendo que a partir desse momento a presença de Miguel estará profundamente ancorada em sua vida. Esse ritual de iniciação não é apenas um ato único, mas o começo de uma jornada, onde ele contará com a orientação e a proteção do arcanjo em todas as situações de sua vida.

A partir desse momento, o praticante pode manter uma prática regular de conexão com Miguel, honrando o compromisso assumido. Reservar alguns minutos diários para meditar ou orar, visualizando a chama azul e renovando o compromisso com Miguel, fortalece a relação criada. Com o tempo, essa presença passa a ser sentida como uma companhia constante, uma luz que guia, protege e inspira, moldando o praticante em uma expressão viva dos atributos de Miguel e de seu propósito espiritual.

Este ritual de iniciação marca o início de uma nova fase, onde o praticante não apenas busca a proteção de Miguel, mas vive em alinhamento com sua luz e verdade. O ritual representa um pacto silencioso e sagrado, um voto de que ele caminhará ao lado do arcanjo, guiado pela coragem, pela justiça e pelo amor.

Capítulo 13
Técnicas de Meditação para Fortalecer a Conexão

A meditação é uma das práticas mais profundas e eficazes para estabelecer e fortalecer a conexão com o Arcanjo Miguel. Através dela, o praticante cria um espaço de receptividade e silêncio interior, onde pode sentir a presença do arcanjo de maneira sutil, porém poderosa. A meditação dedicada a Miguel vai além de um simples exercício de concentração; é uma entrega, um convite para que sua luz e proteção sejam incorporadas no campo energético e espiritual de quem medita. Essas práticas, quando realizadas com constância, cultivam uma relação íntima e sólida, permitindo que a orientação e a força de Miguel sejam sentidas na vida diária do praticante.

Para começar, o praticante deve escolher um local onde se sinta seguro e confortável, um espaço onde não será interrompido. Criar um ambiente propício à meditação é parte fundamental do processo. Acender uma vela azul, cor associada ao arcanjo, e um incenso leve, como lavanda ou sândalo, ajudam a elevar a vibração do espaço. Esses elementos não só purificam o ambiente, mas também funcionam como âncoras visuais e olfativas que ajudam o praticante a se concentrar na presença de Miguel.

Uma técnica poderosa de meditação para conectar-se com o Arcanjo Miguel é a visualização de sua chama azul. Com o corpo em uma posição relaxada e os olhos fechados, o praticante começa a focar na respiração, inspirando e expirando profundamente. Ao acalmar a mente e o corpo, ele então visualiza uma pequena chama azul no centro de seu peito. Essa chama representa a essência de Miguel, sua força e sua luz. A cada respiração, a chama cresce e se expande, preenchendo todo o seu corpo com uma luz suave e protetora.

Enquanto essa luz azulada se expande, o praticante imagina que está sendo envolvido por uma presença calorosa e segura. Essa luz não apenas preenche seu campo energético, mas também cria uma barreira protetora, afastando qualquer energia negativa. Com o tempo, ele pode sentir uma tranquilidade profunda, como se estivesse sendo acolhido nos braços do arcanjo. A visualização da chama azul é uma prática que pode ser repetida diariamente para manter uma conexão constante com Miguel, funcionando como uma fonte de renovação espiritual.

Outra técnica eficaz é a meditação de escudo de proteção, que além de fortalecer a conexão com Miguel, atua como um método de autodefesa energética. Nessa prática, o praticante visualiza Miguel à sua frente, com seu escudo reluzente, que emana uma luz azul intensa. Essa luz, ao ser projetada, cria um campo protetor ao redor do praticante. Ao inspirar, ele sente essa proteção se solidificando e, ao expirar, libera qualquer energia que precise ser purificada. Com o tempo, essa meditação cria uma base de proteção que permite que o praticante sinta a presença de Miguel, mesmo em situações de vulnerabilidade ou desafio.

Para os momentos em que o praticante busca clareza e orientação, a meditação da espada de luz é especialmente recomendada. Sentado confortavelmente, ele fecha os olhos e visualiza Miguel segurando uma espada de luz azul, brilhante e afiada. Essa espada representa a verdade e o discernimento. Ao inspirar profundamente, o praticante imagina que a luz da espada penetra seu campo mental, dissipando dúvidas e trazendo clareza. A cada expiração, ele permite que qualquer confusão ou incerteza seja cortada e afastada pela espada. Esse exercício não apenas fortalece a conexão com Miguel, mas também ajuda o praticante a ver seus desafios e escolhas com mais discernimento e objetividade.

A técnica de contemplação é uma meditação que permite um contato mais direto com a essência e os atributos de Miguel.

Nessa prática, o praticante escolhe um dos atributos de Miguel — como coragem, justiça, ou compaixão — e concentra-se nele durante a meditação. Com os olhos fechados, ele traz à mente a imagem do arcanjo, refletindo sobre como esse atributo pode ser integrado em sua vida. Esse exercício promove uma transformação interior, pois, ao contemplar as virtudes de Miguel, o praticante se abre para receber e expressar essas qualidades. A cada prática, ele se sente mais alinhado com a energia do arcanjo, desenvolvendo as mesmas virtudes que Miguel representa.

A técnica de meditação guiada, onde o praticante segue uma narrativa que o conduz a um estado de profunda conexão com Miguel, é também bastante eficaz. Existem gravações e roteiros que guiam o praticante em um encontro visualizado com o arcanjo, onde ele é levado a um espaço sagrado e seguro, onde pode conversar com Miguel e pedir orientação. Essas meditações guiadas facilitam a experiência de quem ainda está iniciando na prática de visualização e permitem um contato mais direto, pois conduzem a mente para um estado de receptividade e abertura.

Outra técnica é a meditação de entrega, onde o praticante abre seu coração para que Miguel atue de maneira espontânea. Sentado em silêncio, sem visualizações ou intenções específicas, ele apenas convida Miguel a estar presente e se coloca em um estado de receptividade. Essa é uma prática de abertura pura, onde o praticante confia que o arcanjo atuará em seu campo energético da forma que for necessária. A entrega é um ato de fé, um momento em que o praticante permite que a luz de Miguel o envolva e cure, trazendo o que for preciso sem intervenções mentais.

Para aqueles que preferem práticas mais objetivas, a meditação com mantra é uma alternativa. O praticante escolhe um mantra que represente a energia de Miguel, como "Miguel, guia-me" ou "Miguel, protege-me", e repete essa frase em silêncio ou em voz baixa durante a meditação. Essa repetição cria uma vibração específica que sintoniza o praticante com a presença do arcanjo. Cada repetição do mantra é uma invocação, um chamado silencioso que traz Miguel cada vez mais perto. Essa prática ajuda a manter o foco e cria uma sensação de tranquilidade, sendo ideal para aqueles que têm dificuldade em se concentrar em visualizações.

A prática de meditação com Miguel pode ser incorporada à rotina diária, trazendo a proteção e orientação do arcanjo para todos os aspectos da vida. Meditar pela manhã, antes de iniciar o dia, ajuda o praticante a começar com uma base de segurança e clareza, enquanto uma breve prática à noite pode ser um momento de descanso e conexão, onde ele libera as tensões acumuladas e fortalece seu campo energético antes de dormir. A regularidade dessas práticas estabelece um vínculo sólido com Miguel, fazendo com que sua presença seja percebida em todas as situações, mesmo fora do momento formal da meditação.

Para concluir cada prática de meditação, é importante expressar um sentimento de gratidão. Ao final da sessão, o praticante pode mentalizar um agradecimento simples, como "Gratidão, Arcanjo Miguel, por tua presença e proteção", reforçando a conexão e demonstrando seu reconhecimento. Esse momento de gratidão ajuda a fechar o ciclo da meditação, deixando uma vibração positiva e leve no ambiente.

Com o tempo, as práticas de meditação para fortalecer a conexão com Miguel tornam-se um hábito transformador. O praticante sente-se mais seguro, intuitivo e equilibrado, pois a presença de Miguel não apenas protege, mas também guia e inspira. A cada sessão, ele se aproxima mais de uma relação de amizade espiritual com o arcanjo, um laço que transcende o físico e o acompanha em sua jornada espiritual e cotidiana.

Assim, essas técnicas de meditação não apenas fortalecem a conexão com Miguel, mas também transformam o praticante, que se torna cada vez mais alinhado com as virtudes e a luz do arcanjo. Meditar com Miguel é abrir-se para sua proteção e para seu amor, vivendo com coragem e propósito, amparado pela presença constante desse guardião celestial.

Capítulo 14
Práticas para Pedir Orientação Divina

O Arcanjo Miguel é amplamente conhecido por seu papel como guia e protetor, e, em momentos de dúvida e incerteza, muitos recorrem a ele em busca de orientação divina. Pedir essa orientação não é um simples ato de solicitação; trata-se de abrir o coração e a mente para que a sabedoria e a clareza que Miguel oferece possam iluminar o caminho. Com métodos que combinam intenções sinceras, práticas meditativas e invocações, o praticante aprende a discernir as mensagens e os sinais que Miguel envia, fortalecendo sua confiança na orientação recebida e em sua própria capacidade de interpretá-la.

Para iniciar a prática de busca de orientação com Miguel, é fundamental que o praticante estabeleça um momento de silêncio e introspecção, onde possa conectar-se plenamente com sua intenção. Esta intenção deve ser clara e específica, pois quanto mais transparente e honesto for o pedido, mais facilmente a resposta será compreendida. Definir o foco da questão ou da situação que deseja clareza ajuda a alinhar a energia com a de Miguel, facilitando a recepção de uma orientação direta e específica.

Uma prática recomendada para esse contato inicial é a visualização de uma esfera de luz azul, que representa a presença do arcanjo. Com os olhos fechados, o praticante visualiza uma esfera de luz à sua frente, brilhando intensamente com uma cor azul profunda. Ele imagina que essa esfera é uma extensão da energia de Miguel, um veículo pelo qual sua sabedoria será transmitida. Ao estabelecer essa visualização, o praticante pode então direcionar suas perguntas ou preocupações, mentalizandoas como uma intenção que é enviada diretamente para a esfera de luz.

Depois de fazer o pedido ou formular a questão, é importante que o praticante entre em um estado de escuta, permitindo-se permanecer em silêncio e receptivo. Durante esse momento de pausa, ele pode sentir uma leve mudança em seu campo energético, uma sensação de calor ou uma paz interior que indica que Miguel está próximo. Essa receptividade é essencial, pois a orientação de Miguel pode vir em forma de insights, sensações ou até imagens que surgem de forma intuitiva. Nesse estado, o praticante não busca controlar o processo, mas apenas acolher o que vier.

Em muitos casos, a orientação de Miguel chega através de sinais sutis, que não se limitam ao momento da prática meditativa. Ao longo dos dias que seguem a prática, o praticante pode começar a notar padrões de mensagens em sua vida cotidiana — seja em conversas, músicas, sonhos ou até em sincronicidades. Esses sinais são formas pelas quais Miguel responde aos pedidos, e o praticante deve desenvolver um estado de atenção e consciência para captar e interpretar essas mensagens.

A escrita intuitiva é outra técnica poderosa para receber orientação de Miguel. Para essa prática, o praticante pode manter um diário reservado para suas comunicações com o arcanjo. Em um momento de tranquilidade, ele pode abrir o diário, formular sua pergunta e, em seguida, começar a escrever sem pensar, deixando que as palavras fluam livremente. Essa escrita espontânea pode revelar insights inesperados, como se Miguel estivesse guiando suas mãos, permitindo que sua mensagem seja recebida através do próprio fluxo de pensamentos do praticante. É comum que, ao reler o que escreveu, o praticante encontre respostas que surgiram de maneira quase automática e que trazem uma clareza surpreendente.

Outra prática eficaz para pedir orientação é a meditação com um objeto simbólico, como um cristal ou um amuleto que represente a energia de Miguel. O praticante segura o objeto em suas mãos, fecha os olhos e concentra-se em sua intenção. Ao canalizar sua pergunta para o objeto, ele estabelece um ponto focal que intensifica sua conexão com Miguel. Cristais como a ametista ou a sodalita são recomendados para esse tipo de prática, pois ajudam a abrir a intuição e a clareza mental, tornando mais fácil a interpretação das respostas.

A prática de perguntar e aguardar uma resposta em sonho é também uma forma antiga e respeitada de buscar orientação de Miguel. Antes de dormir, o praticante pode realizar uma breve oração, pedindo a Miguel que se comunique através dos sonhos e lhe ofereça uma visão clara. Essa oração pode ser simples, como: "Arcanjo Miguel, que tua orientação me chegue em meus sonhos. Que eu receba tua sabedoria e entenda a mensagem que tenho que conhecer." Ao acordar, é importante que o praticante registre imediatamente tudo o que lembrar do sonho, pois as respostas podem vir em imagens, palavras ou até mesmo em sensações que ocorrem enquanto dorme.

Os sinais externos são uma outra maneira pela qual Miguel pode se comunicar. Para desenvolver a percepção desses sinais, o praticante deve cultivar um estado de abertura e atenção ao longo do dia. Pode ser uma pena azul que cruza seu caminho, um número repetitivo que aparece com frequência ou uma palavra que surge em diversos contextos. Esses pequenos sinais são como pistas, maneiras sutis de Miguel comunicar-se e orientar o praticante. Quanto mais ele se sintoniza com esses sinais, mais fácil se torna interpretar e confiar na orientação de Miguel.

Para aprofundar a capacidade de ouvir a orientação de Miguel, o praticante pode criar um altar ou espaço sagrado onde ele realiza seus pedidos e reflexões. Esse espaço, dedicado ao arcanjo, pode conter uma vela, cristais e uma imagem ou símbolo de Miguel, onde ele se senta para meditar, orar e pedir orientação. Esse altar torna-se um ponto focal, uma âncora física onde a presença de Miguel é evocada. Toda vez que o praticante se dirige a esse local, ele já entra em um estado de receptividade, facilitando a conexão com Miguel e aumentando a clareza das respostas.

A prática de pedir orientação também envolve paciência e confiança. Muitas vezes, a resposta de Miguel não vem de imediato ou da forma como o praticante esperava. É importante que ele confie no tempo divino, compreendendo que a orientação chegará no momento certo e da forma mais adequada. A confiança no processo permite que o praticante se abra para receber a resposta sem ansiedade, sabendo que Miguel estará ao seu lado e que sua orientação é sempre benevolente e alinhada ao bem maior.

Concluir cada prática com gratidão é essencial, pois a gratidão fortalece o vínculo e demonstra respeito pela sabedoria recebida. O praticante pode encerrar com uma simples frase de agradecimento, como: "Gratidão, Arcanjo Miguel, por tua orientação e tua luz em meu caminho. Que eu tenha sabedoria para compreender e seguir tua mensagem." Esse gesto final completa o ciclo de pedido e recepção, permitindo que a energia de Miguel continue a atuar de forma sutil e contínua.

Com o tempo, essas práticas para pedir orientação divina tornam-se um suporte espiritual profundo e constante. A orientação de Miguel não apenas oferece respostas, mas também promove o crescimento interior, despertando no praticante a confiança em sua própria intuição e em sua capacidade de interpretar os sinais divinos. À medida que a relação se fortalece, o praticante passa a sentir Miguel como um verdadeiro companheiro de jornada, um guia cuja presença sutil ilumina cada passo do caminho, sempre disposto a ajudar e proteger.

Ao cultivar essas práticas, o praticante desenvolve uma relação de confiança com Miguel, permitindo que sua orientação se torne parte de sua vida. Cada resposta, cada sinal, cada momento de conexão reforça o compromisso de caminhar sob a luz do arcanjo, guiado pela clareza, pela coragem e pela paz que Miguel oferece.

Capítulo 15
Autodefesa Energética com o Arcanjo Miguel

A autodefesa energética com o Arcanjo Miguel é uma prática que fortalece o campo áurico e ajuda o praticante a manter-se protegido contra influências negativas, sejam elas oriundas de ambientes, pessoas ou situações. Miguel, com sua presença firme e protetora, oferece não apenas proteção, mas também as ferramentas para que o praticante aprenda a criar seu próprio escudo de defesa espiritual. Essa prática é essencial para aqueles que buscam preservar sua paz e integridade energética em meio às energias densas que encontram em seu cotidiano.

Para começar a criar uma autodefesa energética com a ajuda de Miguel, o praticante deve, antes de tudo, ter uma compreensão clara da importância de proteger seu campo energético. Assim como o corpo físico necessita de cuidados e proteção, o corpo espiritual também precisa ser fortalecido para que influências externas não interfiram no bem-estar e na serenidade interna. A prática de autodefesa energética com Miguel cria um espaço seguro, onde o praticante se sente protegido e em paz, independente do ambiente ao seu redor.

A técnica do escudo de luz azul é uma das práticas centrais para estabelecer essa proteção. Com os olhos fechados, o praticante começa a inspirar profundamente, visualizando uma luz azul intensa e vibrante ao seu redor, que começa a formar uma esfera ou bolha de proteção. Essa luz representa a energia de Miguel, um campo impenetrável que bloqueia qualquer energia negativa. Cada respiração faz essa bolha crescer, fortalecendo-a até que envolva o praticante completamente, dos pés à cabeça. Esse escudo de luz azul é um símbolo poderoso da presença de

Miguel, um escudo que repele todas as energias que não ressoam com a paz e o equilíbrio.

Para intensificar essa prática, o praticante pode recitar uma invocação de proteção enquanto visualiza o escudo. Palavras como "Arcanjo Miguel, que teu escudo de luz azul me proteja e me envolva. Que nenhuma energia negativa atravesse esta barreira e que minha paz permaneça intacta" são eficazes para estabelecer uma conexão ainda mais forte com o arcanjo. Esse tipo de afirmação cria uma frequência de proteção que ressoa no campo áurico do praticante, fortalecendo a barreira e garantindo que a energia de Miguel permaneça ativa ao seu redor.

Outra prática de autodefesa energética com Miguel é o uso da espada de luz para cortar laços energéticos indesejados. Muitas vezes, o praticante pode sentir-se preso a situações, pessoas ou até memórias que drenam sua energia. A espada de Miguel é um instrumento de libertação que permite cortar esses laços de maneira compassiva, deixando ir tudo o que não serve mais ao seu crescimento espiritual. Para realizar essa prática, o praticante visualiza Miguel ao seu lado, segurando uma espada de luz azul. Com essa espada, ele imagina cortando os laços que o ligam a tudo o que não é benéfico para seu bem-estar, enquanto sente um alívio e uma leveza no corpo e na mente.

Essa técnica de corte de laços é especialmente útil após interações difíceis ou após estar em ambientes carregados. Ao final do dia, o praticante pode reservar alguns minutos para revisar mentalmente suas conexões e cortar qualquer vínculo que o esteja afetando de forma negativa. Ao fazer isso, ele está limpando seu campo energético, restaurando seu equilíbrio e preservando a pureza de sua energia. A espada de Miguel atua como um catalisador para esse processo, eliminando toda influência que não ressoa com a luz e a paz.

Em ambientes onde há uma grande concentração de pessoas ou onde o praticante sente uma densidade energética, a técnica da chama azul é altamente recomendada. Esta prática envolve a visualização de uma chama azul ao redor do corpo, que purifica e protege. A chama de Miguel é um fogo espiritual que queima as energias densas, impedindo que qualquer vibração negativa se fixe no campo áurico do praticante. Essa chama é especialmente útil em situações sociais, encontros profissionais ou ambientes de grande circulação de pessoas, onde as energias muitas vezes se misturam e podem causar desequilíbrios.

Para aqueles que trabalham em locais intensos ou com pessoas que carregam cargas emocionais pesadas, a prática de revestir o campo energético com a chama azul ao início e ao fim do dia pode ser profundamente restauradora. O praticante pode imaginar que a chama queima suavemente, transmutando qualquer energia negativa em pura luz. Ao final da visualização, ele sente seu campo energético limpo, leve e protegido, como se estivesse envolto em uma camada de serenidade que o acompanha durante todo o dia.

Outro recurso eficaz é o uso de cristais de proteção em conjunto com as práticas de autodefesa energética de Miguel. Pedras como a turmalina negra, a obsidiana e o quartzo transparente são excelentes para repelir e neutralizar energias densas. Ao carregar esses cristais, o praticante cria uma barreira física e espiritual contra influências externas, mantendo-se em um estado de equilíbrio. Esses cristais podem ser consagrados à energia de Miguel durante um ritual de proteção, onde o praticante pede ao arcanjo que impregne o cristal com sua luz e força protetora, transformando-o em um amuleto de defesa.

A respiração consciente é outra ferramenta poderosa que ajuda a manter a proteção e a força energética. Em momentos de estresse ou de contato com energias densas, o praticante pode fazer uma pausa e respirar profundamente, visualizando que a cada inspiração ele absorve a luz azul de Miguel, e a cada expiração libera qualquer energia indesejada. Essa prática simples de respiração consciente é eficaz para restaurar o equilíbrio e manter o campo áurico protegido, funcionando como uma autodefesa prática e imediata.

Para aqueles que sentem-se particularmente afetados por ambientes ou pessoas, a prática de invocar o escudo de Miguel ao longo do dia é altamente benéfica. Com o tempo, essa visualização do escudo se torna automática, e o praticante desenvolve uma proteção energética constante que o acompanha em qualquer lugar. Essa prática contínua de autodefesa é como um hábito espiritual que fortalece a conexão com Miguel, mantendo o praticante sempre envolto em um campo de luz e proteção.

Em situações específicas, como viagens ou momentos de transição, onde o praticante se sente mais vulnerável, ele pode reforçar a prática com uma oração dedicada, pedindo que Miguel o acompanhe e proteja durante todo o percurso. Essa oração pode ser feita em voz alta ou mentalmente, e ajuda a estabelecer uma conexão direta com o arcanjo, que responderá com sua presença protetora. Saber que Miguel está ao seu lado é um conforto que fortalece a confiança e reduz o medo, permitindo que o praticante se mova com mais segurança.

Para finalizar cada prática de autodefesa energética, o praticante pode dedicar um momento de gratidão a Miguel, reconhecendo sua proteção e seu amparo. Esse agradecimento é um gesto de humildade e reconhecimento, um lembrete de que a autodefesa energética não é apenas um processo técnico, mas um vínculo sagrado com o arcanjo. Uma simples frase como "Gratidão, Arcanjo Miguel, por tua proteção constante e por tua luz" sela a prática com reverência, completando o ciclo de proteção.

A autodefesa energética com o Arcanjo Miguel é, portanto, uma prática que vai além do escudo ou da espada; é um modo de viver em sintonia com sua presença protetora. Com o tempo, essas práticas fortalecem o campo energético do praticante, fazendo com que ele se sinta seguro e protegido em qualquer ambiente. Essa proteção não apenas afasta influências externas, mas também desperta no praticante uma força interna que o torna resiliente e autoconfiante, sabendo que, com a ajuda de Miguel, ele pode enfrentar qualquer desafio com paz e integridade.

Capítulo 16
Práticas de Cura Emocional com Miguel

O Arcanjo Miguel é amplamente reconhecido não apenas como protetor, mas também como um poderoso curador das feridas emocionais. Sua presença traz alívio, serenidade e um amor incondicional que auxilia o praticante a enfrentar e curar traumas, mágoas e padrões emocionais que o impedem de avançar. As práticas de cura emocional com Miguel convidam o praticante a explorar seus sentimentos mais profundos e a dissolver o que o limita, trazendo um processo de liberação e transformação.

Para iniciar essa jornada de cura, o praticante deve estar disposto a entrar em contato com as emoções reprimidas e reconhecer as áreas de dor. Esse primeiro passo requer coragem e disposição para enfrentar o que está oculto, pois a cura emocional só é possível quando as feridas são trazidas à consciência. A presença de Miguel nesse processo é essencial, pois ele atua como um guia amoroso e uma proteção constante, assegurando que o praticante se sinta amparado enquanto mergulha em suas profundezas.

Uma prática fundamental de cura emocional com Miguel é a visualização da chama azul em torno do coração. Sentado confortavelmente, o praticante fecha os olhos e se concentra na respiração, deixando que cada inspiração traga paz e cada expiração libere qualquer tensão. Em seguida, ele visualiza uma chama azul suave no centro de seu peito, irradiando uma luz curativa que envolve seu coração. Essa chama é a energia de Miguel, que age diretamente sobre as feridas emocionais, dissolvendo qualquer dor, ressentimento ou mágoa que esteja presente.

Conforme o praticante mantém a visualização, ele pode sentir a chama azul penetrando nas camadas de sua dor, como se estivesse derretendo as barreiras que protegem antigas feridas. A cada respiração, ele permite que essa chama traga uma leveza e uma paz interior, substituindo a dor por uma sensação de alívio e aceitação. Essa prática é especialmente útil para aqueles que carregam mágoas do passado, pois a chama azul atua de maneira profunda e contínua, promovendo uma cura suave e restauradora.

Para intensificar a cura, o praticante pode recitar uma afirmação de liberação e perdão durante a visualização. Frases como "Eu libero toda dor e mágoa, e permito que a luz de Miguel cure meu coração" ou "Que a chama de Miguel traga paz ao meu espírito" reforçam a intenção de cura e facilitam o processo de libertação. Essas palavras atuam como mantras, afirmando o compromisso do praticante com sua própria cura e sua disposição para soltar o que o limita.

Além da visualização da chama azul, a técnica do abraço energético de Miguel é uma prática de acolhimento e segurança. Sentado em um local tranquilo, o praticante fecha os olhos e visualiza Miguel ao seu lado, com uma presença acolhedora e protetora. Ele imagina que o arcanjo o envolve em um abraço caloroso, transmitindo-lhe uma sensação de conforto e segurança. Esse abraço é como um refúgio onde o praticante pode se sentir amado e amparado, sem qualquer julgamento ou exigência.

Essa prática é ideal para momentos de grande dor ou tristeza, quando o praticante se sente vulnerável ou desamparado. O abraço energético de Miguel oferece um apoio emocional profundo, ajudando-o a encontrar forças para enfrentar os desafios emocionais. Durante essa visualização, o praticante pode liberar suas emoções, permitindo que lágrimas, tristeza ou medo venham à tona. Miguel acolhe cada sentimento com compaixão, transformando a dor em paz. Esse processo de entrega e acolhimento é uma forma de cura, onde o praticante sente que não está sozinho em sua jornada.

Outro recurso de cura emocional com Miguel é o trabalho de perdão, especialmente para aqueles que carregam ressentimentos em relação a si mesmos ou aos outros. A prática do perdão, nesse contexto, é vista como um ato de liberação e de paz, onde o praticante decide soltar as mágoas e permitir que Miguel o auxilie a encontrar a compreensão e a empatia. Para iniciar essa prática, o praticante senta-se calmamente e visualiza a pessoa ou situação que deseja perdoar envolta na chama azul de Miguel, deixando que essa luz traga uma perspectiva mais compassiva.

O perdão não precisa ser imediato, e o praticante pode repetir essa prática quantas vezes forem necessárias até que se sinta pronto para soltar a mágoa. Miguel age como um mediador nesse processo, ajudando-o a perceber que o perdão é uma forma de libertação pessoal. Com o tempo, o praticante começa a sentir que a dor se dissipa, abrindo espaço para sentimentos de aceitação e paz.

Para aqueles que enfrentam emoções intensas e frequentes, como ansiedade ou tristeza, a prática do banho de luz azul é um método de purificação e alívio emocional. Nessa técnica, o praticante visualiza uma cascata de luz azul descendo sobre ele, limpando e renovando seu campo energético. Ao imaginar essa luz penetrando em seu corpo e espírito, ele sente que toda carga emocional pesada está sendo lavada e transmutada. Essa prática é especialmente benéfica ao final do dia, quando o praticante deseja liberar qualquer emoção acumulada e restaurar seu equilíbrio interno.

A prática da respiração consciente com a chama azul é outra técnica poderosa para a cura emocional. Sentado em um local tranquilo, o praticante inspira profundamente, imaginando que está absorvendo a luz azul de Miguel, e expira, liberando qualquer dor ou tensão que sente em seu coração. A cada inspiração, ele preenche seu ser com a energia curativa de Miguel; a cada expiração, ele libera as emoções que já não lhe servem. Essa respiração é um ato de cura contínuo que pode ser praticado em qualquer momento de angústia ou ansiedade, funcionando como um alívio imediato.

Para aqueles que desejam um suporte físico em sua prática de cura emocional, o uso de cristais como o quartzo rosa ou a ametista é altamente recomendável. Esses cristais possuem propriedades que promovem o amor-próprio e a paz interior e podem ser consagrados à energia de Miguel. Ao segurar o cristal em sua mão durante a prática, o praticante sente-se ancorado e amparado, como se estivesse recebendo a energia de Miguel diretamente através do cristal. Esse contato físico ajuda a estabelecer uma conexão mais tangível com o arcanjo, tornando o processo de cura ainda mais profundo.

No encerramento de cada prática de cura emocional, o praticante deve reservar um momento para agradecer a Miguel por sua presença e apoio. A gratidão é um ato de reconhecimento, que reforça a relação entre o praticante e o arcanjo. Ao final, ele pode simplesmente dizer: "Gratidão, Arcanjo Miguel, por tua cura e por tua luz. Que tua paz permaneça em meu coração." Essa afirmação final sela a prática com reverência, deixando uma vibração de amor e serenidade que se estende para além do momento de meditação.

As práticas de cura emocional com Miguel transformam o praticante, ajudando-o a acessar partes de si mesmo que precisam de acolhimento e de compaixão. Ao longo do tempo, ele percebe que, com a ajuda de Miguel, sua capacidade de lidar com as próprias emoções se torna mais forte e equilibrada. Essa jornada de cura é um caminho de autoconhecimento e aceitação, onde cada passo traz mais paz, confiança e liberdade.

Assim, ao integrar essas práticas de cura emocional em sua vida, o praticante não apenas libera as dores do passado, mas também cria um estado de bem-estar que o fortalece em todos os aspectos. Miguel torna-se um verdadeiro companheiro de cura, guiando-o com paciência e amor, até que todas as feridas sejam transmutadas em luz e compreensão.

Capítulo 17
A Cura Física com o Arcanjo Miguel

O Arcanjo Miguel é frequentemente associado à proteção e à força espiritual, mas sua energia também é uma fonte poderosa de cura física. A cura física com Miguel é uma prática que envolve a invocação de sua presença e o uso de visualizações e intenções para restaurar o equilíbrio e a saúde do corpo. Miguel atua como um canal de cura divina, oferecendo alívio, revitalização e proteção ao corpo físico, ajudando o praticante a lidar com desconfortos, tensões e até processos de doença.

Para iniciar o trabalho de cura física com Miguel, o praticante deve criar um espaço tranquilo e confortável onde possa se concentrar. Essa preparação é essencial para que o ambiente esteja sintonizado com a energia de Miguel. Ao acender uma vela azul e um incenso suave, como o eucalipto ou alecrim, o praticante purifica o espaço, criando uma atmosfera de serenidade e cura. Esses elementos ajudam a estabelecer uma frequência elevada, facilitando a conexão com o arcanjo.

A prática começa com o praticante sentado ou deitado em uma posição relaxada, onde possa concentrar-se totalmente em sua intenção de cura. Com os olhos fechados, ele se foca na respiração, inspirando profundamente e expirando lentamente, sentindo o corpo se acalmar. Cada inspiração traz uma sensação de paz, enquanto cada expiração libera qualquer tensão acumulada. Esse estado de tranquilidade é fundamental para que o praticante esteja receptivo à energia de cura de Miguel.

Uma das técnicas mais eficazes para a cura física com Miguel é a visualização da chama azul curativa. Com os olhos fechados, o praticante visualiza uma chama azul clara e radiante no local do corpo onde sente desconforto ou dor. Essa chama representa a energia de Miguel, uma luz que envolve e penetra a área específica, trazendo alívio e restaurando o equilíbrio. Conforme o praticante visualiza essa chama, ele pode sentir um calor suave ou uma leve vibração na área, sinalizando que a energia de Miguel está atuando diretamente sobre o ponto de desconforto.

Durante a visualização, o praticante pode recitar uma afirmação de cura, como: "Arcanjo Miguel, que tua chama azul cure e restaure meu corpo. Que tua luz dissolva toda dor e traga paz ao meu ser." Essas palavras reforçam a intenção de cura, criando um vínculo mais forte com o arcanjo. Com o tempo, o praticante percebe que a área envolta pela chama azul começa a relaxar, e a dor ou desconforto se dissipam gradualmente, deixando uma sensação de alívio e bem-estar.

Para aqueles que enfrentam desafios físicos mais profundos, como doenças ou condições crônicas, a prática de visualização pode ser complementada com a técnica do banho de luz. O praticante visualiza Miguel acima de sua cabeça, irradiando uma cascata de luz azul que desce sobre todo o seu corpo. Essa luz envolve e penetra cada célula, tecido e órgão, promovendo uma purificação completa. O banho de luz é como uma limpeza energética, onde qualquer bloqueio ou toxina física é dissolvido, permitindo que a energia de Miguel restaure o fluxo natural de saúde.

Essa prática é especialmente eficaz quando realizada antes de dormir, permitindo que a energia curativa atue durante o sono, promovendo um processo de renovação e revitalização enquanto o corpo descansa. Ao realizar essa prática regularmente, o praticante fortalece seu sistema imunológico e cria um estado de harmonia física que o protege de novas influências negativas.

A prática de respiração consciente é outra técnica que ajuda a ancorar a cura física. Com os olhos fechados, o praticante inspira profundamente, visualizando que está absorvendo a luz azul de Miguel, que entra pelo topo de sua cabeça e flui através de todo o seu corpo. A cada expiração, ele imagina liberando qualquer dor, tensão ou desconforto que possa estar presente. Esse processo de respiração consciente é um ato de cura contínuo, onde o corpo se enche de luz e se purifica de qualquer energia indesejada. Essa prática é ideal para aliviar tensões físicas e fortalecer o corpo, tornando-o mais receptivo à cura.

Os cristais também podem ser usados como suporte físico durante as práticas de cura com Miguel. Pedras como o quartzo transparente, a selenita e a amazonita são conhecidas por suas propriedades de cura e amplificação de energia. Ao segurar esses cristais ou colocá-los sobre a área do corpo que necessita de cura, o praticante canaliza a energia de Miguel através do cristal, intensificando o efeito de cura. Antes de começar, ele pode consagrar o cristal à energia de Miguel, segurando-o entre as mãos e pedindo ao arcanjo que o carregue com sua luz e força curativa.

Outra técnica eficaz é a prática do toque de cura com a intenção de Miguel. Colocando as mãos sobre a área do corpo que precisa de cura, o praticante visualiza que suas mãos estão irradiando a luz azul de Miguel, como se fossem um canal direto da energia do arcanjo. Esse toque, feito com gentileza e intenção, transmite calor e alívio, permitindo que o corpo absorva a energia curativa. Durante essa prática, ele pode repetir mentalmente: "Que a luz de Miguel cure e restaure este corpo. Que toda dor seja dissolvida e transformada em paz."

A prática da oração é também um recurso poderoso para a cura física com Miguel. O praticante pode criar uma oração específica para sua condição, pedindo a Miguel que intervenha e traga alívio e força. Uma oração de cura pode ser simples e direta, como: "Arcanjo Miguel, te peço que restaure minha saúde e fortaleça meu corpo. Que tua luz dissolva qualquer doença ou desequilíbrio e que a paz reine em cada célula do meu ser." Essas palavras, quando ditas com fé e sinceridade, estabelecem uma ponte para que a energia curativa de Miguel atue diretamente no corpo do praticante.

Além das técnicas focadas no próprio corpo, Miguel também pode ser invocado para purificar e curar o ambiente em que o praticante vive. Esse ambiente físico exerce uma grande influência sobre a saúde, e a presença de energias densas ou estagnadas pode impactar o bem-estar físico. O praticante pode visualizar a chama azul de Miguel percorrendo cada espaço de sua casa, dissolvendo qualquer energia negativa e restaurando a harmonia no ambiente. Esse ritual de purificação do espaço cria um ambiente que favorece a cura, onde o praticante se sente protegido e revitalizado.

Para aqueles que enfrentam processos de recuperação, a prática de autocompaixão é fundamental. Miguel não é apenas um curador, mas também um guia de amor e acolhimento. O praticante pode visualizar-se envolvido pelos braços de Miguel, que transmite uma mensagem de força e paciência. Essa prática ajuda o praticante a aceitar o tempo de cura de seu corpo, reconhecendo que cada etapa é um passo em direção à restauração completa. Miguel o incentiva a tratar-se com gentileza, confiando que seu corpo possui uma sabedoria própria e que a cura ocorrerá no momento adequado.

Ao final de cada prática de cura, o praticante deve dedicar um momento de gratidão a Miguel, reconhecendo o apoio e o conforto que o arcanjo oferece. A gratidão é uma energia poderosa que fortalece o vínculo entre o praticante e Miguel, permitindo que a cura continue a fluir. Ele pode encerrar a prática com uma simples frase de agradecimento, como: "Gratidão, Arcanjo Miguel, por tua luz e por tua cura. Que tua presença permaneça comigo e restaure minha saúde."

As práticas de cura física com Miguel são um processo de cuidado e autoconhecimento. Elas ensinam o praticante a escutar seu próprio corpo, a respeitar seus limites e a confiar na energia divina para restaurar o equilíbrio. Com o tempo, essas práticas se tornam uma fonte de força e confiança, permitindo que o praticante lide com os desafios físicos de forma mais leve e equilibrada, sempre amparado pela presença curativa de Miguel.

Assim, a cura física com o Arcanjo Miguel não é apenas a eliminação de sintomas, mas uma restauração completa da harmonia entre corpo e espírito. O praticante se torna cada vez mais consciente de seu próprio poder de cura e aprende a acessar a energia de Miguel como um recurso constante, uma fonte de cura e renovação que está sempre ao seu alcance.

Capítulo 18
Ritual para Purificação de Espaços

O Arcanjo Miguel é uma figura de proteção e purificação que pode ser invocada para transformar o ambiente ao nosso redor, tornando-o mais harmonioso e livre de influências negativas. O ritual de purificação de espaços com a ajuda de Miguel é uma prática poderosa e essencial para manter a vibração elevada e a paz em ambientes como o lar, o local de trabalho ou qualquer outro espaço onde a energia precisa ser renovada e equilibrada. Este ritual não apenas remove energias estagnadas, mas também cria uma proteção duradoura, preservando o espaço contra futuras influências indesejadas.

Para iniciar o ritual de purificação, é importante preparar o ambiente de forma adequada. Escolher um momento tranquilo e assegurar que o espaço esteja limpo e organizado são passos iniciais que facilitam o fluxo de energia positiva. Uma prática comum é acender uma vela azul, representando a luz de Miguel, e queimar um incenso de limpeza, como sálvia, mirra ou alecrim, que auxilia na elevação da vibração do ambiente e na remoção de impurezas energéticas. Esses elementos ajudam a estabelecer uma conexão direta com Miguel e a preparar o espaço para receber sua presença purificadora.

Com o ambiente pronto, o praticante pode se concentrar em sua própria energia, respirando profundamente e acalmando a mente. É essencial que ele esteja em um estado de receptividade e intenção clara para que a purificação seja eficaz. O praticante pode começar o ritual com uma invocação, pedindo a presença de Miguel para ajudar na limpeza do espaço. Uma invocação eficaz pode ser algo como: "Arcanjo Miguel, guardião e protetor, invoco tua presença neste espaço. Que tua luz azul dissolva toda energia negativa e traga harmonia e paz. Que este ambiente seja purificado e protegido pela tua força."

A visualização é um recurso essencial durante o ritual de purificação. Com os olhos fechados, o praticante imagina que uma luz azul intensa, irradiada por Miguel, começa a se expandir a partir do centro do espaço, preenchendo cada canto e superfície. Essa luz age como um fogo espiritual, queimando qualquer energia densa, sombra ou vibração que não esteja alinhada com a paz e a harmonia. A cada respiração, o praticante visualiza a luz azul se expandindo e purificando todos os detalhes do ambiente — móveis, paredes, teto e chão — como se a presença de Miguel estivesse tocando cada ponto, transformando e renovando a energia.

Para intensificar o processo, o praticante pode mover-se pelo espaço, carregando a vela azul ou o incenso, enquanto mentaliza ou pronuncia afirmações de purificação, como: "Que toda energia negativa seja dissolvida. Que este espaço seja abençoado com a luz e a proteção de Miguel." Esse movimento pelo ambiente ajuda a espalhar a intenção e a presença de Miguel por todos os lugares, especialmente nas áreas mais escondidas ou menos frequentadas, onde as energias tendem a estagnar. O ato de mover-se com a chama ou o incenso simboliza a expansão da luz de Miguel, cobrindo cada detalhe e renovando o espaço completamente.

Uma prática poderosa durante o ritual é o uso do símbolo da espada de Miguel para cortar laços ou influências que possam estar impregnadas no ambiente. Com os olhos fechados, o praticante visualiza Miguel com sua espada de luz, percorrendo o espaço e dissolvendo qualquer energia negativa, laços emocionais ou memórias indesejadas que estejam ancoradas ali. Essa prática é particularmente útil em locais onde ocorreram desentendimentos, tristezas ou perdas, pois a espada de Miguel age como um instrumento de liberação, restaurando o equilíbrio e limpando o ambiente.

Para proteger o espaço após a purificação, o praticante pode visualizar um escudo de luz azul envolvendo todo o ambiente. Esse escudo funciona como uma barreira protetora que impede que novas energias negativas penetrem no espaço. Visualizar esse escudo envolvendo o local como uma camada de luz azul intensa e vibrante ajuda a selar o ambiente, mantendo-o seguro e em paz. Esse escudo também fortalece a intenção de que o espaço continuará protegido pela presença de Miguel, criando um campo de energia que repele qualquer influência indesejada.

O uso de cristais de proteção é uma prática adicional que pode prolongar a ação de purificação. Cristais como a ametista, o quartzo transparente e a turmalina negra são excelentes para ancorar a energia de Miguel e manter o espaço limpo e protegido. Colocar esses cristais em pontos estratégicos do ambiente, como portas e janelas, ajuda a criar uma rede de proteção que impede a entrada de energias densas. Para intensificar essa conexão, o praticante pode consagrar os cristais à energia de Miguel, pedindo que o arcanjo os impregne com sua luz e força.

A oração é outro componente poderoso desse ritual. Ao final da prática de purificação, o praticante pode dedicar um momento para agradecer a Miguel por sua presença e por sua ajuda na renovação do espaço. Essa oração pode ser simples, como: "Gratidão, Arcanjo Miguel, por tua luz e tua proteção. Que este espaço permaneça em harmonia e paz, guardado pela tua força." Essa expressão de gratidão sela o ritual com respeito e reverência, reforçando o vínculo com Miguel e a intenção de manter o ambiente limpo e harmonioso.

Para manter a energia do espaço elevada após o ritual de purificação, é recomendável que o praticante realize pequenas práticas de renovação periódicas, como acender uma vela ou queimar um incenso de limpeza regularmente. Essa manutenção é uma forma de garantir que a proteção e a paz sejam constantes no ambiente, impedindo o acúmulo de energias densas. A presença de Miguel pode ser invocada brevemente nessas práticas de manutenção, como um lembrete de que sua proteção continua ativa e constante.

Em momentos de necessidade, como após visitas de pessoas ou eventos que possam ter carregado o ambiente, o praticante pode reforçar a proteção e a purificação com uma rápida visualização ou oração, renovando a luz e a proteção de Miguel. Esse ato demonstra a confiança e o comprometimento do praticante com a energia do arcanjo, tornando o espaço um refúgio seguro e protegido, onde sua presença é sentida de maneira constante.

Com o tempo, o praticante perceberá que o ambiente purificado e protegido se torna um espaço de paz e serenidade, onde a presença de Miguel é palpável e onde as energias elevadas são facilmente percebidas. Esse espaço passa a ser um lugar de renovação, onde o praticante se sente acolhido e amparado pela luz de Miguel. O ritual de purificação não apenas remove o que é negativo, mas eleva o ambiente a um nível de vibração que atrai paz, harmonia e alegria.

Assim, o ritual de purificação de espaços com o Arcanjo Miguel é uma prática de cuidado e de conexão com o divino. Ele não apenas protege o ambiente, mas também fortalece o vínculo entre o praticante e Miguel, criando um espaço onde a luz, a paz e a proteção divina são sentidas e preservadas. Cada vez que o praticante realiza esse ritual, ele renova sua intenção de viver em um ambiente sagrado, onde a presença de Miguel é uma constante, trazendo segurança e conforto a cada momento.

Capítulo 19
Proteção Espiritual Pessoal

A proteção espiritual pessoal é uma prática essencial para aqueles que buscam manter-se em paz e equilíbrio em meio às influências energéticas do cotidiano. Com a ajuda do Arcanjo Miguel, o praticante desenvolve métodos de defesa espiritual que criam um escudo de luz ao seu redor, repelindo vibrações negativas e fortalecendo sua conexão com a paz e a luz divina. Miguel, como protetor e guia, oferece essa proteção de maneira constante, ensinando o praticante a preservar sua energia e a cultivar um campo espiritual resiliente.

Para estabelecer uma base de proteção espiritual diária, o praticante pode começar cada manhã com uma breve prática de invocação e visualização, conectando-se com a energia de Miguel e pedindo sua presença ao longo do dia. Em um local tranquilo, ele fecha os olhos e concentra-se na respiração, trazendo serenidade ao corpo e à mente. Com cada respiração, ele imagina a luz azul de Miguel envolvendo todo o seu corpo, criando uma barreira protetora que o acompanhará em todas as situações.

Essa prática pode ser intensificada com uma invocação específica, como: "Arcanjo Miguel, te peço que me protejas neste dia. Que tua luz azul me envolva, criando um escudo que repele qualquer energia negativa. Que eu caminhe em paz e segurança sob tua proteção." Essa afirmação reforça a intenção de proteção e cria um vínculo mais forte com o arcanjo, trazendo uma sensação imediata de conforto e segurança.

A técnica do escudo de luz azul é uma das práticas mais poderosas e versáteis para proteção pessoal. Com os olhos fechados, o praticante visualiza uma esfera de luz azul intensa que começa a se formar ao redor de seu corpo. Essa luz é a essência de Miguel, um escudo energético que o envolve completamente, como uma bolha que bloqueia qualquer vibração negativa. Cada inspiração fortalece esse escudo, tornando-o mais luminoso e impenetrável, enquanto cada expiração libera qualquer preocupação ou ansiedade.

Durante essa visualização, o praticante pode imaginar que o escudo é composto de uma camada densa e sólida, que permite apenas a entrada de energias benéficas e impede qualquer influência indesejada. Esse escudo de luz é renovado a cada prática e torna-se uma barreira protetora contra todas as formas de energia densa, mantendo o praticante em um estado de equilíbrio e paz. Com o tempo, essa visualização se torna um reflexo automático que ele pode ativar rapidamente em momentos de necessidade.

Outra técnica poderosa de proteção espiritual é a prática do "espelho energético." Nessa prática, o praticante visualiza uma camada de luz refletiva ao redor de seu corpo, como se fosse um espelho que devolve qualquer energia negativa ao seu ponto de origem. Esse espelho energético não armazena nenhuma vibração indesejada; ele simplesmente reflete e dispersa tudo o que não está em harmonia com a paz e o bem-estar. Ao imaginar essa camada refletiva, o praticante sente-se protegido e isolado de qualquer influência prejudicial, criando um campo de defesa espiritual muito eficaz.

Para aqueles que se encontram em ambientes carregados ou que lidam com pessoas com energias intensas, a prática da chama azul de Miguel é altamente recomendada. O praticante visualiza uma chama azul ao redor de seu corpo, que queima qualquer energia negativa antes que ela possa penetrar em seu campo energético. Essa chama age como um fogo purificador, dissolvendo e transmutando tudo o que se aproxima com uma intenção prejudicial. Ao manter essa chama ao seu redor, o praticante cria um escudo dinâmico, que se adapta às situações e o mantém seguro em qualquer ambiente.

Para aprofundar a proteção espiritual, o praticante pode consagrar objetos pessoais à energia de Miguel, como amuletos, medalhas ou cristais. Pedras como a turmalina negra, a obsidiana e a ametista são conhecidas por suas propriedades de proteção e transmutação e podem ser consagradas ao arcanjo para amplificar sua ação. Durante um momento de oração ou meditação, o praticante segura o objeto em suas mãos e pede a Miguel que o abençoe e o transforme em um canal de sua luz protetora. Esse amuleto, carregado da energia de Miguel, atua como um escudo constante, que pode ser levado consigo em todos os momentos.

Para uma proteção espiritual mais completa, o praticante pode recorrer ao ritual de fortalecimento da aura, onde ele visualiza sua própria aura se expandindo e se tornando cada vez mais forte e luminosa. Sentado em um local tranquilo, ele imagina que a luz azul de Miguel está sendo absorvida pelo seu campo áurico, fortalecendo-o em todas as direções. Essa prática ajuda a criar uma camada energética que repele influências externas, tornando o praticante mais resistente a qualquer tipo de vibração indesejada. Cada parte de sua aura é envolta e protegida, criando uma barreira natural que impede a entrada de qualquer energia negativa.

Além dessas práticas, a oração diária é uma ferramenta poderosa para manter a proteção de Miguel ativa. Ao longo do dia, o praticante pode recitar uma oração curta, como: "Arcanjo Miguel, proteja-me e guie meus passos. Que tua presença seja minha defesa e minha paz." Essa oração pode ser repetida em momentos de necessidade, trazendo alívio e segurança instantâneos. A repetição dessa oração fortalece a confiança e mantém a mente conectada com a presença de Miguel, criando uma proteção espiritual constante e palpável.

Outro recurso importante para a proteção espiritual pessoal é a prática do descarrego energético ao final do dia. Antes de dormir, o praticante pode visualizar que toda energia acumulada durante o dia está sendo retirada de seu corpo e dissolvida pela luz de Miguel. Ele imagina essa luz limpando cada célula e restaurando seu equilíbrio. Essa prática de descarrego é especialmente útil para aqueles que lidam com muitas pessoas ou que passaram por situações de estresse, pois elimina qualquer resíduo energético e restaura a paz interior.

Manter uma rotina de limpeza e proteção espiritual é fundamental para preservar a integridade energética do praticante. Além de invocar a proteção de Miguel, ele também é incentivado a cuidar de sua própria energia, mantendo pensamentos e intenções positivas, evitando conflitos e praticando o autocuidado. A presença de Miguel é fortalecida quando o praticante se alinha com suas próprias intenções de paz e bem-estar, criando um estado de harmonia que bloqueia naturalmente qualquer influência negativa.

Por fim, ao encerrar cada prática de proteção, o praticante deve sempre expressar sua gratidão a Miguel. Esse ato de agradecimento não só reforça a conexão com o arcanjo, mas também mantém a vibração do praticante elevada. Ele pode encerrar com uma frase simples, como: "Gratidão, Arcanjo Miguel, por tua proteção e por tua luz. Que eu esteja sempre seguro sob tua guarda." Esse agradecimento sela a prática com respeito e confiança, permitindo que a proteção de Miguel continue a atuar no campo energético do praticante.

A prática da proteção espiritual pessoal com Miguel é uma jornada de autoconhecimento e fortalecimento interior. Cada técnica e invocação cria uma relação de confiança e segurança, onde o praticante sente que a presença de Miguel o acompanha e ampara em todos os momentos. Ao longo do tempo, essa proteção torna-se parte integrante de sua vida, uma luz constante que ilumina, protege e fortalece.

Capítulo 20
Superação de Medos com a Ajuda de Miguel

O Arcanjo Miguel é muitas vezes invocado como um guia e protetor em momentos de medo e incerteza. Sua presença transmite uma sensação de coragem e segurança que ajuda o praticante a enfrentar medos profundos e bloqueios emocionais. A superação do medo com a ajuda de Miguel não é apenas uma prática espiritual, mas também um processo de transformação interior. Ele ensina que o medo, quando acolhido e compreendido, torna-se uma ponte para o crescimento e a confiança. Com a orientação de Miguel, o praticante descobre a força interior para enfrentar suas limitações e encontra a coragem para viver com mais liberdade.

Para começar o processo de superar medos com Miguel, o praticante deve criar um ambiente tranquilo e seguro onde possa entrar em contato com suas emoções de forma serena e sem distrações. Ao acender uma vela azul e queimar um incenso de lavanda ou sálvia, ele estabelece um espaço sagrado, que facilita a conexão com o arcanjo e promove uma atmosfera de paz e acolhimento. Esse ambiente permite que ele abra seu coração e se sinta seguro para explorar seus medos mais profundos.

Com o espaço preparado, o praticante começa a concentrar-se na respiração, inspirando profundamente e expirando lentamente, até alcançar um estado de calma. Esse foco na respiração ajuda a estabilizar as emoções e a reduzir a ansiedade, criando um estado de receptividade. Nesse momento, ele pode fazer uma breve invocação, chamando pela presença de Miguel com uma afirmação como: "Arcanjo Miguel, guie-me e me fortaleça neste momento. Que tua luz ilumine meus medos e me dê coragem para enfrentá-los."

Uma das técnicas centrais para superar medos com Miguel é a visualização da chama azul de coragem. Com os olhos fechados, o praticante visualiza uma chama azul brilhante surgindo no centro de seu peito. Essa chama representa a energia de Miguel, uma força que dissipa qualquer sensação de medo e traz uma coragem profunda e serena. A cada inspiração, ele imagina que essa chama cresce, irradiando luz e calor por todo o seu corpo. O medo, então, é transformado em confiança, e o praticante sente-se envolvido por uma coragem que parece inabalável.

Durante essa visualização, ele pode se concentrar no medo específico que deseja superar. Ao visualizar esse medo, ele o coloca simbolicamente dentro da chama azul, permitindo que a luz de Miguel envolva e transforme essa emoção. À medida que o medo é absorvido pela chama, o praticante sente que ele se dissolve, deixando espaço para uma sensação de paz e autoconfiança. Essa prática de visualização ajuda a redefinir a relação com o medo, vendo-o como algo que pode ser transformado em coragem e aprendizado.

Outra técnica eficaz para superar medos com a ajuda de Miguel é o "diálogo interno guiado". Nessa prática, o praticante se permite "conversar" com o medo, trazendo-o à mente e questionando-o com a presença de Miguel ao seu lado. Ele pergunta ao medo por que ele existe, o que representa e o que precisa para ser superado. Esse diálogo é feito em um estado de meditação, com Miguel servindo como um mediador silencioso e protetor. Com o tempo, o praticante começa a compreender que o medo muitas vezes é uma projeção de inseguranças ou experiências passadas, e Miguel ajuda a ressignificar essas memórias com sabedoria e compaixão.

O uso da espada de luz de Miguel é uma técnica simbólica, mas poderosa, para cortar laços com medos antigos e persistentes. O praticante visualiza Miguel segurando uma espada de luz azul, que representa a verdade e a força. Com essa espada, ele corta simbolicamente qualquer cordão ou vínculo que o mantém preso ao medo, libertando-o de suas amarras emocionais e psicológicas. Durante essa prática, ele pode afirmar em voz baixa ou mentalmente: "Com a espada de Miguel, eu corto todos os laços de medo que me limitam. Estou livre para viver com coragem e confiança." Essa prática de corte de laços é uma maneira de transformar o medo em algo que fortalece o praticante, permitindo-lhe seguir em frente sem as limitações impostas pelo passado.

A prática de respiração consciente é uma técnica adicional que ajuda a lidar com o medo à medida que ele surge no dia a dia. Quando o praticante sente uma onda de medo ou ansiedade, ele pode respirar profundamente e visualizar que, a cada inspiração, está absorvendo a luz azul de Miguel e, a cada expiração, está liberando o medo ou a tensão. Essa prática simples, mas eficaz, permite que o praticante enfrente o medo de forma imediata, usando a respiração como uma âncora que o conecta à presença de Miguel. Com o tempo, ele desenvolve uma sensação de paz que o acompanha sempre que o medo tenta reaparecer.

Para aqueles que desejam aprofundar essa superação, a prática da "declaração de coragem" é uma técnica transformadora. O praticante escolhe uma afirmação que ressoe com sua própria jornada de superação, como "Eu enfrento meus medos com a força de Miguel ao meu lado" ou "A coragem de Miguel vive em mim, e eu sou capaz de superar qualquer desafio." Ele recita essa declaração em momentos de incerteza, trazendo-a como um mantra que reafirma seu compromisso de viver com coragem. Repetida com frequência, essa declaração torna-se uma fonte de força interior que o lembra da presença constante de Miguel em sua vida.

Além dessas práticas, o uso de amuletos e cristais dedicados à energia de Miguel pode proporcionar uma sensação de segurança física. Pedras como a turmalina negra, que atua como um escudo contra energias densas, ou o citrino, que estimula a coragem e a autoconfiança, podem ser consagradas à energia de Miguel para reforçar essa proteção e confiança.

Carregar esses cristais como amuletos pessoais permite que o praticante sinta a presença de Miguel de forma tangível, um lembrete de que ele não está sozinho em sua jornada.

Para medos profundamente arraigados, como fobias ou traumas, a prática do abraço de luz é uma técnica que oferece acolhimento e segurança. O praticante visualiza Miguel ao seu lado, irradiando uma luz azul intensa que o envolve completamente. Ele se permite "entregar" seu medo a Miguel, sentindo que o arcanjo o acolhe em um abraço amoroso e protetor. Esse abraço é um ato de entrega, onde o praticante confia seu medo a Miguel, sabendo que ele será cuidado e transformado. Durante essa prática, o praticante pode dizer em silêncio: "Miguel, acolhe e transforma meu medo. Que eu esteja em paz, seguro em tua luz."

Por fim, a gratidão é um componente essencial para selar cada prática de superação do medo. Agradecer a Miguel pela coragem, pela proteção e pela orientação recebidas é um ato de reconhecimento e confiança. Com uma simples oração de gratidão, como "Gratidão, Arcanjo Miguel, por tua coragem e tua luz. Que eu enfrente meus medos com tua força sempre ao meu lado", o praticante conclui sua prática com um sentimento de paz e força interior, sabendo que seu vínculo com Miguel foi fortalecido.

A prática de superação de medos com Miguel transforma o praticante, permitindo-lhe viver com uma sensação de liberdade e confiança. Ao longo do tempo, ele percebe que o medo não é um inimigo, mas um mestre silencioso que, com a ajuda de Miguel, pode ser compreendido e integrado. Essa jornada de coragem é um caminho de autodescoberta, onde o praticante, amparado pelo arcanjo, encontra a força de viver plenamente, sem as limitações que o medo um dia lhe impôs.

Capítulo 21
Libertação de Vícios e Hábitos Negativos

A libertação de vícios e hábitos negativos é um processo que exige determinação, força de vontade e apoio espiritual. Com a ajuda do Arcanjo Miguel, o praticante pode encontrar a clareza e o poder interior necessários para se desvencilhar de padrões de comportamento que o limitam. Miguel, como guia e protetor, oferece uma presença constante e uma energia purificadora que auxilia no rompimento desses laços, promovendo uma renovação que abre espaço para uma vida mais leve e equilibrada.

Para iniciar o trabalho de libertação com Miguel, o praticante deve refletir sobre quais padrões, vícios ou hábitos estão dificultando seu crescimento e prejudicando seu bem-estar. Identificar esses padrões de forma honesta é o primeiro passo, pois a clareza ajuda a direcionar as práticas de forma eficaz. Miguel está sempre presente para ajudar quem busca essa transformação, oferecendo força e proteção durante o processo.

Uma das práticas centrais para cortar laços com vícios e hábitos negativos é o uso da espada de luz de Miguel. Em um local calmo e reservado, o praticante começa fechando os olhos e concentrando-se na respiração, inspirando profundamente e expirando lentamente para acalmar o corpo e a mente. Com cada inspiração, ele se conecta mais profundamente com sua intenção de transformação, preparando-se para cortar os vínculos que o prendem aos velhos padrões. Em seguida, ele visualiza Miguel ao seu lado, segurando uma espada de luz azul brilhante, símbolo de verdade e libertação.

Ao visualizar Miguel com sua espada, o praticante imagina a luz cortando cada laço energético que o conecta aos hábitos que deseja superar. Essa visualização pode ser específica: o praticante pode pensar em cada hábito ou vício como um fio ou cordão que o liga a uma fonte de energia negativa, e Miguel usa sua espada de luz para cortar essas ligações, libertando-o. Durante essa prática, ele pode afirmar mentalmente: "Arcanjo Miguel, com tua espada de luz, corta todos os laços que me prendem a esses hábitos. Eu me liberto e escolho um novo caminho." Essas palavras reforçam a intenção de libertação, tornando o ritual um ato consciente de transformação.

Outro método poderoso é a prática da chama azul de transmutação. Sentado ou deitado em um local tranquilo, o praticante visualiza uma chama azul intensa surgindo no centro de seu corpo, no chakra do coração. Ele imagina que essa chama se expande, abrangendo seu corpo inteiro, como uma energia purificadora que consome todos os resquícios dos hábitos que deseja superar. A chama de Miguel, nesse processo, transforma a energia negativa em força e coragem, permitindo que o praticante se sinta renovado. Cada vez que ele inspira, a chama azul se intensifica, e a cada expiração, ele libera qualquer energia densa que ainda esteja ligada aos padrões antigos.

Durante a visualização da chama, o praticante pode pronunciar afirmações de liberação, como: "Que a chama azul de Miguel transmute todos os vícios e hábitos negativos. Que eu seja purificado e fortalecido." Essas afirmações ancoram a intenção de mudança, criando uma vibração que ajuda a transformar o que antes era um obstáculo em uma fonte de crescimento e aprendizado. Essa prática é especialmente eficaz quando realizada com frequência, pois a chama azul de Miguel atua de maneira profunda e gradual, promovendo uma purificação constante.

Além dessas técnicas de visualização, a escrita é uma prática que ajuda o praticante a identificar e processar os sentimentos relacionados aos seus vícios e hábitos. Ele pode manter um diário onde descreve suas experiências, medos e resistências em relação ao processo de libertação. Esse diário se torna um canal de autoconhecimento e um registro de progresso, onde o praticante pode ver como sua jornada de transformação se desenvolve. Antes de escrever, ele pode pedir a Miguel que ilumine sua mente e seu coração, ajudando-o a expressar e compreender suas emoções com clareza.

A prática da oração também é uma ferramenta poderosa para romper com hábitos negativos. Ao orar a Miguel, o praticante não apenas pede ajuda, mas também afirma sua intenção de mudança. Uma oração simples e sincera, como "Arcanjo Miguel, ajuda-me a superar este hábito que me limita. Fortalece minha vontade e me guia no caminho da renovação," cria uma conexão direta com a energia de Miguel. A oração é uma maneira de abrir-se ao auxílio espiritual, reconhecendo que a força para mudar também vem do apoio divino.

Para aqueles que sentem que certos lugares ou situações desencadeiam seus vícios ou hábitos, a prática de proteção com o escudo de luz azul é altamente recomendada. O praticante visualiza uma barreira azul ao seu redor, que o protege e repele qualquer influência negativa que possa despertar antigos padrões de comportamento. Esse escudo o acompanha durante situações desafiadoras, criando uma sensação de segurança e fortalecendo sua decisão de permanecer no caminho de mudança. Ele pode reforçar essa prática com uma afirmação, como: "Estou protegido pela luz de Miguel. Nada e ninguém pode me desviar de meu caminho de renovação."

Em alguns casos, a libertação de vícios envolve um processo mais longo, onde a paciência e a autocompaixão são essenciais. Miguel, nesse contexto, atua como um guia de amor e paciência, ensinando o praticante a ser gentil consigo mesmo enquanto trabalha para superar seus hábitos. Durante momentos de recaída ou desânimo, o praticante pode visualizar Miguel ao seu lado, com uma presença acolhedora e compreensiva. Esse apoio emocional permite que ele se recupere rapidamente e siga em frente com renovada confiança.

O uso de cristais como a ametista e a cianita azul também é benéfico para o processo de libertação, pois essas pedras ajudam a purificar e fortalecer a mente, facilitando o autocontrole e o equilíbrio. Ao carregar esses cristais, o praticante intensifica sua conexão com Miguel, permitindo que a energia do arcanjo o acompanhe e o sustente durante o dia. Esses cristais podem ser consagrados à energia de Miguel, transformando-se em amuletos de proteção e força que reforçam a intenção de mudança.

Para encerrar cada prática de libertação, o praticante deve dedicar um momento de gratidão a Miguel, reconhecendo o apoio e a proteção recebidos ao longo de sua jornada. Uma frase de agradecimento, como "Gratidão, Arcanjo Miguel, por tua luz e tua força. Que eu permaneça firme e renovado sob tua proteção," sela a prática e reforça o compromisso do praticante com sua própria transformação.

A libertação de vícios e hábitos negativos com a ajuda de Miguel é uma jornada de coragem e autodescoberta. Ao longo do tempo, o praticante percebe que, com a presença de Miguel, ele é capaz de transcender suas limitações e de construir um novo padrão de vida, mais livre e equilibrado. Essa transformação, impulsionada pelo arcanjo, é um renascimento espiritual, onde cada hábito superado representa um passo em direção a uma versão mais forte e autêntica de si mesmo.

Capítulo 22
Ritual de Manifestação de Objetivos

A manifestação de objetivos com o auxílio do Arcanjo Miguel é uma prática que vai além da simples intenção de realizar um desejo. É um processo de alinhamento entre a vontade do praticante e a energia divina que Miguel canaliza, permitindo que o praticante alcance seus propósitos com clareza, foco e proteção. Miguel atua como um guia poderoso, ajudando a concretizar metas que estejam em harmonia com o caminho espiritual do praticante e promovendo uma realização que contribui tanto para o crescimento pessoal quanto para o bem maior.

Para iniciar o ritual de manifestação, o praticante deve escolher um momento de calma e reservar um espaço tranquilo, onde possa conectar-se com suas intenções sem interrupções. É recomendável acender uma vela azul, que simboliza a presença de Miguel, e um incenso de sândalo ou mirra, aromas que elevam a vibração do ambiente e facilitam a conexão espiritual. A preparação do espaço sagrado é uma forma de demonstrar respeito pela energia de Miguel e de estabelecer uma atmosfera de reverência e concentração.

Com o ambiente preparado, o praticante senta-se confortavelmente e começa a focar na respiração, inspirando e expirando lentamente, permitindo que o corpo e a mente se acalmem. Com cada respiração, ele se abre para a presença de Miguel, sentindo que a energia do arcanjo o envolve em uma luz azul tranquila e protetora. Esse estado de paz e receptividade é essencial para que as intenções do praticante se alinhem com a sabedoria e a força de Miguel.

O próximo passo do ritual é a clarificação do objetivo. Miguel ajuda o praticante a entender que a clareza é fundamental para a manifestação. Por isso, o praticante deve refletir profundamente sobre o que deseja alcançar, explorando as razões e os propósitos por trás de seu objetivo. Perguntas como "Este objetivo está alinhado com meu crescimento e com o bem maior?" e "Estou disposto a me comprometer de maneira sincera com essa realização?" ajudam a trazer uma visão clara e consciente. Essa reflexão é guiada pela presença de Miguel, que ilumina o propósito do praticante e o ajuda a discernir quais metas verdadeiramente servem ao seu caminho espiritual.

Com o objetivo bem definido, o praticante escreve sua intenção em um papel, descrevendo o que deseja manifestar de forma específica e direta. Escrever o objetivo com detalhes reforça o compromisso com a realização e transforma a intenção em algo concreto. Ao finalizar, ele lê o que escreveu em voz alta, afirmando a intenção com convicção e clareza. Esse ato de verbalização cria uma ressonância energética que fortalece o vínculo com Miguel e ajuda a estabelecer um caminho direto para a manifestação.

A visualização é uma etapa central do ritual de manifestação com Miguel. Com os olhos fechados, o praticante visualiza Miguel ao seu lado, irradiando uma luz azul brilhante que o envolve completamente. Ele imagina que essa luz se expande, cobrindo seu objetivo, e vê esse objetivo como se já estivesse concretizado. O praticante observa cada detalhe da realização, visualizando-se em um estado de felicidade e gratidão, sentindo a emoção de ter alcançado sua meta. Ele imagina Miguel como um guia nesse processo, inspirando-o e abrindo os caminhos necessários para a concretização de seu desejo.

Durante a visualização, o praticante pode repetir uma afirmação que ressoe com seu objetivo, como "Com a força e a proteção de Miguel, eu manifesto [objetivo] em minha vida. Estou aberto para receber essa realização com gratidão e alegria." Essa afirmação é um compromisso com o propósito, uma forma de ancorar a intenção no plano espiritual e de atrair o que é necessário para sua concretização. A repetição desse mantra reforça a intenção e ajuda o praticante a sintonizar-se com a frequência de Miguel, que potencializa sua capacidade de manifestar.

Para intensificar o processo, o praticante pode consagrar um objeto simbólico à realização de seu objetivo, como um cristal, uma pedra ou uma pequena medalha. Segurando o objeto em suas mãos, ele pede a Miguel que o impregne com sua energia protetora e que o ajude a manter o foco e a determinação para alcançar seu objetivo. Esse objeto torna-se um amuleto de manifestação, um lembrete físico da intenção e uma âncora da presença de Miguel. O praticante pode carregar esse amuleto consigo ou colocá-lo em um local especial, onde possa vê-lo regularmente e renovar seu compromisso com o objetivo.

Outro elemento poderoso nesse ritual é a prática da gratidão antecipada. O praticante dedica alguns minutos para agradecer a Miguel e ao universo pela realização do objetivo, como se ele já estivesse concretizado. Essa prática de gratidão antecipada cria uma vibração de abundância e receptividade, fortalecendo a confiança do praticante na manifestação e atraindo o que é necessário para que o objetivo se materialize. Ao expressar essa gratidão, o praticante envia uma mensagem de que está aberto e preparado para receber a realização em sua vida.

O praticante também pode incorporar o uso de orações específicas ao longo do processo de manifestação. Uma oração de pedido e confiança, como "Arcanjo Miguel, fortalece minha vontade e abre os caminhos para que eu manifeste este objetivo com clareza e paz. Que tudo se realize conforme o propósito divino," é uma forma de solicitar orientação contínua e de reafirmar o alinhamento com a vontade maior. Essa oração pode ser repetida diariamente, especialmente em momentos de dúvida ou quando o praticante sente necessidade de renovar seu foco.

Após concluir o ritual, é importante que o praticante libere a ansiedade em relação ao resultado, confiando plenamente no processo. A confiança em Miguel e no tempo divino é um componente essencial para a manifestação bem-sucedida. Ele deve evitar revisitar o objetivo com dúvidas ou preocupações, pois isso enfraquece a vibração da intenção. Em vez disso, ele se concentra em ações alinhadas ao seu propósito, sabendo que a presença de Miguel está guiando o processo.

Para manter o vínculo com a energia de Miguel e continuar a manifestar, o praticante pode dedicar alguns minutos diários para meditar, visualizar ou orar sobre seu objetivo, mantendo a chama da intenção acesa sem apego. A prática regular ajuda a sustentar a vibração de realização e fortalece a confiança do praticante no caminho que escolheu.

A gratidão ao final de cada prática é fundamental. Ao agradecer a Miguel, o praticante sela o processo com uma nota de paz e reconhecimento. Ele pode concluir com uma frase simples, como "Gratidão, Arcanjo Miguel, por tua presença e por guiar minha manifestação. Confio que meu objetivo será realizado no tempo certo e para o bem maior." Essa gratidão reforça o vínculo espiritual e deixa uma energia de positividade no ambiente e no coração do praticante.

Com o tempo, a prática de manifestação de objetivos com Miguel torna-se uma ferramenta poderosa de transformação. O praticante aprende a alinhar suas intenções com a luz e o propósito divinos, percebendo que a verdadeira manifestação não é apenas a realização de desejos, mas a criação de uma vida que ressoa com sua essência espiritual. Ao alcançar cada objetivo, ele reconhece a presença constante de Miguel, que guia, protege e inspira cada passo de sua jornada, trazendo realização, paz e propósito.

Capítulo 23
Técnicas de Paz Interior e Equilíbrio

A busca pela paz interior e equilíbrio é um dos caminhos mais profundos da espiritualidade, e, com a ajuda do Arcanjo Miguel, o praticante encontra suporte para alcançar um estado de serenidade e harmonia duradouros. A energia de Miguel atua como uma âncora, que ajuda a estabilizar as emoções, acalmar a mente e fortalecer o espírito, promovendo um equilíbrio que transforma o cotidiano. O propósito desse capítulo é apresentar práticas e técnicas que, guiadas pela presença de Miguel, auxiliam o praticante a cultivar a paz interior e a estabilidade emocional, trazendo uma sensação de alinhamento e plenitude.

Para começar a jornada rumo à paz interior com Miguel, o praticante deve criar um espaço de tranquilidade, onde possa se recolher para suas práticas sem distrações. A preparação do ambiente com uma vela azul e um incenso suave, como o de lavanda ou camomila, auxilia na criação de uma atmosfera pacífica e de alta vibração, propícia para a conexão com o arcanjo. A presença de Miguel é um suporte constante, e o praticante deve se abrir para essa energia com a intenção clara de encontrar a paz.

A prática da respiração consciente é uma técnica simples, porém poderosa, para estabilizar o corpo e a mente. Sentado em uma posição confortável, o praticante começa a inspirar lenta e profundamente, concentrando-se em cada respiração. Com cada inspiração, ele visualiza uma luz azul preenchendo seus pulmões e espalhando-se pelo corpo, trazendo uma sensação de calma. A cada expiração, ele libera qualquer tensão, preocupação ou pensamento perturbador. Essa respiração consciente, guiada pela presença de Miguel, torna-se um portal para a serenidade, acalmando o fluxo mental e harmonizando as emoções.

Durante a prática de respiração, o praticante pode recitar mentalmente uma afirmação que reforce a paz interior, como: "Arcanjo Miguel, que tua paz habite em meu coração e em minha mente. Que minha alma seja calma e serena." Essa afirmação reforça o compromisso com a tranquilidade e cria uma conexão mais forte com a energia de Miguel. Repetida em momentos de tensão ou ansiedade, essa afirmação serve como uma âncora, lembrando ao praticante que a paz está sempre disponível e que Miguel está sempre ao seu lado.

Outra técnica de equilíbrio emocional é a prática da visualização da chama azul de Miguel. Com os olhos fechados, o praticante visualiza uma chama azul intensa no centro de seu peito, no chakra do coração. Essa chama é a energia de Miguel, uma força purificadora que dissolve qualquer ansiedade, medo ou tristeza. À medida que a chama azul se expande, ela envolve o coração e toda a região do peito, irradiando uma paz que acalma o espírito. Essa visualização pode ser feita diariamente ou sempre que o praticante sentir que precisa restaurar seu equilíbrio emocional.

Para intensificar essa prática, o praticante pode focar em situações ou emoções que estão desequilibrando seu interior. Ele visualiza essas emoções ou situações sendo absorvidas pela chama azul, que transforma tudo em paz e compreensão. Ao ver essas energias dissolvendo-se na chama, o praticante sente um alívio e uma leveza que o ajudam a reencontrar sua serenidade. Essa prática de transmutação é uma forma de liberar emoções acumuladas e de restaurar o equilíbrio de maneira compassiva e consciente.

A meditação guiada com Miguel é outra prática eficaz para cultivar a paz interior. O praticante pode iniciar a meditação visualizando-se em um campo tranquilo, onde se encontra com Miguel em uma atmosfera de acolhimento e segurança. Ele se permite relaxar completamente, entregando qualquer pensamento ou preocupação ao arcanjo. Miguel, com sua presença forte e compassiva, transmite uma energia de calma e estabilidade, e o praticante sente-se envolvido por essa paz. Durante a meditação, ele pode pedir a Miguel que o ajude a manter essa sensação de serenidade e equilíbrio em seu dia a dia, lembrando-o de que essa paz está sempre ao seu alcance.

Para os momentos de estresse ou agitação, a técnica do "escudo de paz" é uma prática que ajuda a proteger o estado de equilíbrio do praticante. Ele visualiza uma luz azul suave ao seu redor, que age como um escudo que repele qualquer energia de ansiedade, raiva ou tensão que possa perturbar sua paz. Esse escudo de paz permite que o praticante preserve seu equilíbrio emocional mesmo em situações desafiadoras. Ele pode reforçar essa prática com uma afirmação como: "Estou envolvido pela paz de Miguel. Nenhuma energia perturbadora pode penetrar meu campo." Esse escudo torna-se uma defesa natural contra influências externas, ajudando o praticante a manter-se centrado.

A prática da gratidão é outro recurso poderoso para alcançar a paz interior. O praticante dedica alguns momentos para refletir sobre os aspectos de sua vida pelos quais é grato, reconhecendo as bênçãos e as lições que o ajudam a crescer. Miguel inspira o praticante a valorizar o presente e a encontrar beleza e harmonia nas coisas simples. Ao cultivar a gratidão, o praticante fortalece seu estado de paz, pois a gratidão amplia a percepção de abundância e traz uma sensação de satisfação e contentamento.

O uso de cristais como a ametista e o quartzo rosa, que possuem propriedades calmantes, pode ser integrado à prática da paz interior. Durante a meditação ou a visualização, o praticante pode segurar esses cristais, permitindo que eles amplifiquem a energia de Miguel e promovam a serenidade. Ao consagrar os cristais à presença de Miguel, eles tornam-se âncoras da paz, ajudando o praticante a preservar seu equilíbrio emocional e espiritual em todos os momentos.

Para aqueles que desejam aprofundar sua conexão com a paz interior, a prática do silêncio consciente é uma técnica transformadora. O praticante reserva um período do dia para ficar em silêncio, sem distrações externas, permitindo-se ouvir seus próprios pensamentos e sentimentos de forma compassiva. Miguel acompanha o praticante nessa prática, ajudando-o a descobrir a paz que existe dentro de si. No silêncio, o praticante percebe que a paz é um estado natural de ser e que o verdadeiro equilíbrio surge quando ele se conecta com sua essência.

Ao final de cada prática, a gratidão é fundamental. O praticante pode expressar sua gratidão a Miguel com uma frase como: "Gratidão, Arcanjo Miguel, por tua paz e tua presença em minha vida. Que essa serenidade se mantenha em meu coração." Esse momento de agradecimento reforça a energia de paz e fortalece o vínculo com Miguel, deixando uma sensação de leveza e harmonia que se estende para além do tempo dedicado à prática.

Com o tempo, a paz interior e o equilíbrio cultivados com a ajuda de Miguel tornam-se parte integrante da vida do praticante. Ele passa a enfrentar desafios e situações adversas com uma postura calma e uma mente serena, sabendo que a presença de Miguel o guia e o protege. Cada técnica, cada visualização e cada momento de silêncio constroem uma fundação de tranquilidade e confiança, permitindo que o praticante viva em harmonia consigo mesmo e com o mundo ao seu redor.

A paz interior e o equilíbrio são o alicerce de uma vida plena e significativa. Com a orientação de Miguel, o praticante descobre que, independente das circunstâncias externas, ele carrega dentro de si uma fonte inesgotável de serenidade e força. Esse estado de paz é o verdadeiro refúgio, onde ele pode retornar sempre que precisar, sabendo que Miguel está ao seu lado, trazendo-lhe calma, coragem e clareza.

Capítulo 24
Conexão com a Hierarquia Angelical

A conexão com a hierarquia angelical é um caminho que leva o praticante a se abrir para uma rede de seres espirituais que trabalham em harmonia com Miguel, cada um com suas próprias especialidades e formas de atuar. Ao buscar essa conexão, o praticante se aproxima não apenas do Arcanjo Miguel, mas também dos diversos arcanjos e anjos que desempenham papéis complementares no apoio à humanidade. Essa abertura à hierarquia angelical permite ao praticante fortalecer sua espiritualidade e ampliar sua rede de proteção e orientação, recebendo apoio de uma gama mais ampla de energias celestiais.

Para iniciar essa conexão, é essencial que o praticante estabeleça uma base de respeito e abertura. Ao reconhecer que a hierarquia angelical age de acordo com o propósito divino, ele se coloca em uma postura de humildade e gratidão, pronto para receber o auxílio desses seres de luz. A criação de um espaço sagrado é um primeiro passo importante. O praticante pode acender velas e incensos de sua preferência e escolher alguns objetos ou símbolos que representem os arcanjos e os anjos, como cristais específicos, imagens ou elementos que ressoem com as energias que deseja atrair.

Sentado em silêncio e com os olhos fechados, o praticante pode começar com uma invocação inicial, chamando pelo Arcanjo Miguel para que o ajude a abrir esse canal de conexão com a hierarquia angelical. Uma invocação sugestiva seria: "Arcanjo Miguel, guardião da luz, peço que me guie e proteja enquanto busco a conexão com os reinos angelicais. Que minha intenção seja pura e meu coração esteja aberto para receber o apoio e a orientação dos seres celestiais." Essa invocação estabelece a intenção e cria um campo de energia que prepara o praticante para se conectar com a hierarquia angélica em um estado de confiança e reverência.

Para iniciar o contato, o praticante pode se concentrar em alguns dos arcanjos mais próximos de Miguel, cada um com suas qualidades e áreas de atuação. Arcanjos como Gabriel, Rafael, Uriel e Zadkiel são conhecidos por suas especialidades específicas e por trabalharem em harmonia com Miguel em tarefas que envolvem proteção, cura, sabedoria e transformação. Visualizar cada um desses arcanjos ao lado de Miguel, com suas cores e energias distintas, ajuda o praticante a sentir a presença de uma rede angelical que o envolve e o ampara.

A prática de visualização é uma ferramenta poderosa para conectar-se com esses seres. O praticante visualiza Miguel no centro, com uma luz azul intensa, irradiando proteção e força, e ao redor de Miguel, ele vê os outros arcanjos em suas formas e cores específicas. Gabriel, representado em uma luz branca ou prateada, simboliza a comunicação e a verdade divina. Rafael, com sua luz verde, traz a cura e o bem-estar físico e emocional. Uriel, em tons dourados, oferece sabedoria e clareza mental. Zadkiel, envolto em uma luz violeta, promove a transformação e o perdão. Essa visão permite que o praticante sinta a presença coletiva da hierarquia angelical, cada um com seu dom específico, todos unidos para seu bem maior.

Durante a visualização, o praticante pode formular um pedido específico ou abrir-se para receber mensagens que esses arcanjos tenham para ele. Esse momento de escuta é importante, pois permite que as mensagens fluam naturalmente, seja como pensamentos, imagens ou uma sensação de paz. O praticante deve manter-se receptivo, confiando que as orientações e respostas virão no tempo certo e na forma adequada. Os anjos e arcanjos comunicam-se de maneira sutil, e a receptividade é essencial para perceber suas respostas e seu apoio.

O uso de cristais dedicados a cada arcanjo é uma prática que pode ajudar a ancorar suas energias e criar uma conexão tangível com a hierarquia angelical. Pedras como a ametista para Zadkiel, o quartzo rosa para Chamuel (arcanjo do amor), a selenita para Gabriel e o citrino para Uriel ajudam o praticante a sintonizar-se com as vibrações desses arcanjos e a fortalecer o vínculo. Esses cristais, uma vez consagrados à energia do arcanjo específico, tornam-se um canal de comunicação que o praticante pode utilizar em suas meditações e invocações diárias.

Outro método eficaz para trabalhar com a hierarquia angelical é a oração, uma forma de abrir o coração e a mente para o contato com esses seres. Cada arcanjo tem uma energia e um propósito únicos, e uma oração direcionada a cada um deles é uma maneira de fortalecer o vínculo. Por exemplo, para Rafael, o praticante pode orar: "Arcanjo Rafael, guia de cura e bem-estar, peço que envolva minha vida com tua luz verde, trazendo equilíbrio e restauração para meu corpo e minha alma." Para Gabriel, uma oração pode ser: "Arcanjo Gabriel, mensageiro divino, que tua luz prateada traga clareza e inspiração para minha vida, ajudando-me a ouvir a verdade em meu coração." Essas orações criam um diálogo com a hierarquia angelical e abrem o praticante para o apoio específico de cada arcanjo.

Além da oração e da visualização, a prática do silêncio meditativo é fundamental para a conexão com a hierarquia angelical. Em um estado de silêncio e quietude, o praticante se permite ouvir as mensagens e sentir a presença desses seres. Durante a meditação, ele pode focar na respiração e visualizar-se em um espaço de luz, cercado por Miguel e pelos outros arcanjos. Esse espaço torna-se um refúgio espiritual, onde o praticante pode entrar em contato com as energias angelicais de maneira direta e profunda, sem pressa ou expectativa, apenas com uma disposição aberta para a experiência.

Para integrar essa conexão em sua vida cotidiana, o praticante pode dedicar alguns minutos de cada dia para reconhecer e agradecer o apoio da hierarquia angelical. Em momentos de decisão, dúvida ou desafio, ele pode invocar a presença de um ou mais arcanjos específicos, pedindo que guiem seus pensamentos e ações. Essa prática contínua transforma a conexão com a hierarquia angelical em uma fonte constante de proteção, sabedoria e cura.

Ao final de cada prática, o praticante deve dedicar um momento para expressar sua gratidão à hierarquia angelical, reconhecendo a presença e o apoio desses seres de luz. Uma frase simples, como "Gratidão, Arcanjo Miguel e todos os arcanjos e anjos, por estarem comigo e por guiarem minha jornada," sela a conexão com reverência e respeito, reforçando o vínculo criado e deixando uma sensação de paz e plenitude.

Com o tempo, essa conexão com a hierarquia angelical se torna uma fonte profunda de crescimento e apoio espiritual. O praticante percebe que, ao lado de Miguel, uma rede de seres celestiais está sempre pronta para auxiliar e proteger, trazendo paz, força e clareza para cada etapa de sua jornada. Ao expandir sua relação com a hierarquia angelical, ele não apenas fortalece sua prática espiritual, mas também se alinha com uma dimensão de amor e sabedoria que o ampara em todos os aspectos de sua vida.

Capítulo 25
Ritual de Consagração e Dedicação

O ritual de consagração e dedicação ao Arcanjo Miguel é um momento sagrado em que o praticante estabelece um compromisso profundo com a luz e a orientação de Miguel, dedicando sua jornada espiritual à presença protetora e transformadora do arcanjo. Esse ritual simboliza a entrega de intenções e ações, alinhando o propósito pessoal do praticante com a missão divina de Miguel. A consagração é um ato de devoção e abertura, que intensifica a conexão entre o praticante e o arcanjo, criando um elo espiritual que o guiará e protegerá ao longo de sua vida.

Para iniciar o ritual de consagração, o praticante deve escolher um momento de paz, quando possa estar totalmente presente e sem distrações. Um espaço sagrado deve ser preparado com itens simbólicos, como uma vela azul representando a luz de Miguel, um incenso de mirra ou olíbano para purificação, e um objeto que tenha um valor especial para o praticante — como um amuleto, cristal, ou uma medalha — que simbolizará sua dedicação ao arcanjo. Esse objeto, que será consagrado durante o ritual, funcionará como um lembrete físico da conexão com Miguel.

Após preparar o ambiente, o praticante começa o ritual concentrando-se na respiração, permitindo que o corpo e a mente se acalmem. A cada inspiração, ele imagina que está absorvendo a luz e a paz de Miguel, e a cada expiração, libera qualquer ansiedade ou pensamento disperso. Estar em um estado de serenidade e clareza é essencial para que o ritual se realize com profundidade, pois a consagração é um momento de entrega sincera e de abertura espiritual.

Com os olhos fechados, o praticante inicia uma invocação para chamar a presença de Miguel. Uma invocação sugestiva pode ser: "Arcanjo Miguel, guerreiro de luz e protetor da verdade, eu te invoco neste momento sagrado. Que tua presença ilumine este espaço e meu coração. Venho a ti com humildade e devoção, para consagrar minha vida, meu propósito e meus caminhos sob tua proteção." Essas palavras de invocação reforçam a intenção do ritual e criam uma ligação direta com a presença de Miguel, preparando o campo energético para a consagração.

A seguir, o praticante segura o objeto escolhido, que simboliza sua dedicação, e o eleva à altura do coração ou do terceiro olho, o centro de intuição e conexão espiritual. Visualizando a luz azul de Miguel envolvendo o objeto, ele faz uma oração de consagração, dedicando a própria vida, seus propósitos e intenções ao arcanjo. Ele pode dizer: "Arcanjo Miguel, eu consagro este símbolo a ti. Que ele seja um sinal de meu compromisso contigo, e que tua luz me guie e proteja em cada caminho que eu seguir." Ao realizar essa oração, o praticante sente que sua dedicação está sendo recebida e aceita, como um pacto espiritual de crescimento e proteção.

Durante o ritual, o praticante visualiza a luz de Miguel fluindo pelo objeto, impregnando-o com sua energia. Essa luz azul penetra no amuleto, cristal ou medalha, tornando-o um canal da presença de Miguel, um símbolo sagrado que o acompanhará em sua jornada. O objeto consagrado serve como um ponto de conexão com o arcanjo, uma lembrança constante de que sua proteção e orientação estão sempre presentes. Sempre que o praticante tocar ou olhar para o objeto, ele sentirá a força de seu compromisso e a certeza de que não está sozinho em sua caminhada espiritual.

A visualização da chama azul ao redor do próprio corpo é uma etapa poderosa do ritual. O praticante imagina-se envolto por uma chama azul intensa e protetora, como um manto de luz que o cobre e purifica. Essa chama não apenas limpa qualquer energia negativa, mas também sela o pacto de consagração com Miguel. Ao visualizar essa chama, ele sente que está sendo transformado, como se sua própria essência fosse alinhada com a luz e a coragem do arcanjo. Essa visualização é uma forma de entregar-se plenamente ao processo de consagração, permitindo que a presença de Miguel atue em todas as dimensões de seu ser.

Para reforçar o compromisso, o praticante pode fazer um juramento de dedicação, um voto espiritual que selará o ritual de consagração. Ele pode recitar palavras de compromisso, como: "Eu, com o coração aberto e sincero, dedico minha vida ao serviço da luz e da verdade. Que a força e a proteção de Miguel sejam meu guia. Que minha vida seja um reflexo da coragem, do amor e da justiça que ele representa. Este é meu compromisso, agora e sempre." Esse juramento é uma promessa espiritual, um ato de alinhamento entre o propósito do praticante e a missão de Miguel.

Após o juramento, o praticante dedica alguns momentos ao silêncio e à reflexão, permitindo-se sentir a profundidade da conexão. Ele pode perceber uma sensação de paz, uma força interior ou um calor que envolve todo o seu ser, como uma resposta de Miguel, que acolhe e aceita sua dedicação. Esse momento de silêncio é uma forma de receber a energia do arcanjo de maneira direta, permitindo que ela o fortaleça e o inspire.

Ao concluir o ritual, o praticante dedica um momento para agradecer a Miguel pela oportunidade de consagração e pelo vínculo criado. Uma oração de gratidão, como: "Gratidão, Arcanjo Miguel, por aceitar minha dedicação. Que tua luz esteja sempre comigo, guiando e protegendo cada passo. Eu honro e celebro tua presença em minha vida," encerra o ritual com respeito e reverência. Essa gratidão final é uma forma de reconhecimento, que sela o processo de consagração e fortalece o compromisso.

Após o ritual, o praticante pode colocar o objeto consagrado em um lugar especial, onde possa vê-lo diariamente, ou carregá-lo consigo, como uma âncora de sua dedicação. Esse objeto será um símbolo tangível de seu compromisso com

Miguel, um lembrete de sua proteção e de sua presença constante. Em momentos de dúvida, desafio ou alegria, o praticante pode tocar o objeto consagrado, reforçando sua conexão e renovando sua força e seu propósito.

Com o tempo, essa consagração transforma o caminho do praticante, que passa a sentir Miguel não apenas como uma presença de proteção, mas como uma parte integrante de sua vida e de seu propósito. Ele aprende a viver com mais coragem, discernimento e amor, sabendo que sua vida foi dedicada a um propósito maior e que sua jornada espiritual é amparada pelo poder de Miguel.

Esse ritual de consagração e dedicação ao Arcanjo Miguel é, em última análise, uma celebração da união entre o humano e o divino, um compromisso de viver com integridade e verdade. O praticante emerge desse ritual transformado, carregando em si a energia e o propósito de Miguel, vivendo cada dia com a certeza de que está amparado por um ser de luz cuja missão é guiá-lo, protegê-lo e inspirá-lo a ser uma expressão viva do amor e da coragem.

Capítulo 26
Comunicação com o Arcanjo Miguel

Estabelecer uma comunicação direta com o Arcanjo Miguel é uma prática que desperta a intuição, fortalece a fé e permite que o praticante receba mensagens, orientações e insights que guiam sua jornada espiritual. Miguel, como líder celestial e protetor, está sempre disposto a compartilhar sua sabedoria e apoio com aqueles que se abrem para ouvi-lo. Essa comunicação não se dá apenas em palavras, mas também em sinais, sentimentos e inspirações que surgem no coração e na mente do praticante. Aprender a interpretar esses sinais e a manter um canal aberto para a presença de Miguel é uma experiência transformadora, que aprofunda a confiança e a conexão espiritual.

Para começar a comunicação com Miguel, o praticante deve buscar um ambiente tranquilo, onde possa dedicar-se à prática com atenção plena e sem interrupções. Preparar o espaço com uma vela azul e um incenso suave, como sândalo ou lavanda, ajuda a elevar a energia e a facilitar a sintonia. Esses elementos são símbolos que o conectam com a frequência de Miguel, trazendo uma sensação de paz e de presença.

Sentado em uma posição confortável, o praticante começa a focar em sua respiração, inspirando profundamente e expirando lentamente, até alcançar um estado de serenidade. Essa tranquilidade é essencial, pois a comunicação com Miguel se dá através da intuição e da calma interior. Com a mente e o coração em paz, o praticante se coloca em uma postura de abertura e receptividade, preparando-se para ouvir a voz sutil do arcanjo.

Para invocar a presença de Miguel e iniciar o contato, o praticante pode recitar uma oração de comunicação. Uma invocação poderosa e sincera pode ser: "Arcanjo Miguel, guardião da luz e da verdade, abro meu coração e minha mente para tua orientação. Que tua presença me envolva, e que eu tenha clareza para ouvir tua voz e coragem para seguir teu conselho. Estou aqui para receber tua sabedoria." Essa oração expressa a intenção de se comunicar com Miguel de forma clara e respeitosa, criando um canal de conexão que permite que sua energia flua.

Após a invocação, o praticante entra em um estado de silêncio meditativo, permitindo que qualquer mensagem ou sensação surja de forma natural. A comunicação com Miguel pode ocorrer de várias maneiras, e é importante que o praticante mantenha uma mente aberta, sem expectativas rígidas. Ele pode sentir uma leve sensação de calor, perceber um pensamento claro e inspirador, ou visualizar uma imagem que o ajude a interpretar a orientação de Miguel. Cada um desses sinais é uma forma de comunicação, e o praticante deve confiar no que receber.

A técnica de escrita intuitiva é uma ferramenta poderosa para registrar e interpretar as mensagens de Miguel. O praticante pode manter um diário ou um caderno dedicado a essa prática, onde ele escreve qualquer pensamento, sentimento ou inspiração que surja após a invocação. Sem censurar ou analisar, ele permite que as palavras fluam, como se estivesse canalizando a própria sabedoria de Miguel. Ao revisar o que escreveu, ele pode encontrar insights e orientações que surgiram de forma espontânea, mas que ressoam com uma verdade profunda e pessoal.

Outra técnica eficaz é a prática de perguntas e respostas. Após a invocação e um breve período de silêncio, o praticante pode formular uma pergunta específica para Miguel, mentalmente ou em voz alta. Essa pergunta deve ser clara e objetiva, como: "O que preciso saber sobre este desafio que estou enfrentando?" ou "Qual é o próximo passo para minha jornada espiritual?" Depois de fazer a pergunta, ele se permite relaxar e ouvir a resposta, que pode surgir como uma ideia, uma imagem ou um sentimento. A resposta pode não vir imediatamente, mas ao longo do dia ou até mesmo em sonhos.

Para aqueles que preferem um contato mais visual, a prática de visualização guiada é uma maneira profunda de comunicar-se com Miguel. Nessa técnica, o praticante visualiza-se em um lugar sereno, como um jardim ou uma paisagem de paz, onde ele encontra Miguel em uma forma visível e acolhedora. O arcanjo aparece com uma luz azul intensa, irradiando tranquilidade e força. O praticante se aproxima de Miguel e, mentalmente, pede orientação sobre um tema específico ou simplesmente abre-se para qualquer mensagem que o arcanjo queira compartilhar. Essa visualização permite que o praticante "converse" com Miguel de forma simbólica, criando uma interação que fortalece a confiança e a sensibilidade espiritual.

A técnica de percepção de sinais externos é outra forma de comunicação. Miguel pode se manifestar através de eventos e sincronicidades que surgem na vida cotidiana. O praticante é incentivado a prestar atenção em sinais recorrentes, como números, palavras, músicas ou até encontros inesperados. Esses sinais são formas de Miguel indicar que está presente e de transmitir mensagens específicas. Ao se deparar com um desses sinais, o praticante deve refletir sobre seu significado e relacioná-lo com sua pergunta ou situação atual.

Cristais como a sodalita e a ametista são aliados que ajudam a intensificar a comunicação com Miguel. Durante a prática, o praticante pode segurar um desses cristais nas mãos ou colocá-lo próximo ao corpo, especialmente na altura do chakra do terceiro olho, que está ligado à intuição e à percepção espiritual. Esses cristais amplificam a energia de Miguel, ajudando o praticante a sintonizar-se com suas mensagens e a fortalecer sua capacidade de ouvir e compreender a orientação divina.

A prática da gratidão é essencial para manter o canal de comunicação aberto e para mostrar respeito pela sabedoria de Miguel. Após cada sessão de contato, o praticante dedica um momento para agradecer ao arcanjo por sua presença e por qualquer orientação recebida. Uma simples frase de gratidão, como "Gratidão, Arcanjo Miguel, por tua luz e por tuas palavras. Que tua sabedoria guie meus passos," sela a prática com reverência, reforçando a conexão e deixando uma vibração positiva.

Para manter a comunicação constante, o praticante é incentivado a dedicar alguns minutos diários para conectar-se com Miguel, seja através de uma breve invocação, uma oração, ou um momento de silêncio. Com o tempo, essa prática se torna uma forma de diálogo interno, onde Miguel surge como uma voz de sabedoria e paz que guia o praticante em todos os momentos. Ele aprende a perceber a presença do arcanjo em sua vida cotidiana, sentindo-se sempre amparado e guiado.

A comunicação com Miguel é uma experiência pessoal e profunda, que desperta no praticante a confiança em sua própria intuição e o encoraja a viver com clareza e propósito. Ao manter esse canal aberto, ele passa a ver Miguel não apenas como um protetor, mas como um amigo espiritual e um conselheiro fiel, cuja presença o inspira a enfrentar a vida com coragem e amor.

Capítulo 27
Alinhamento com o Propósito Divino

Alinhar-se ao propósito divino é uma jornada de autodescoberta e rendição, que conecta o praticante a uma missão maior e ao seu verdadeiro propósito na vida. Com a ajuda do Arcanjo Miguel, o praticante encontra clareza sobre seus caminhos e desperta uma compreensão mais profunda de seu papel no universo. Miguel, como guia espiritual e protetor, oferece apoio para que o praticante descubra e siga esse propósito, promovendo uma vida guiada pela intenção e pelo sentido mais elevado.

Para iniciar o alinhamento com o propósito divino, o praticante deve reservar um tempo em que possa estar em completa paz, longe de distrações, permitindo-se concentrar em sua essência e abrir-se para ouvir a orientação de Miguel. Ao preparar o ambiente, ele pode acender uma vela azul e um incenso de mirra ou olíbano, que simbolizam pureza e conexão espiritual, criando uma atmosfera sagrada que facilita o contato com o arcanjo e com sua própria essência.

Sentado em uma posição confortável, o praticante fecha os olhos e começa a respirar profundamente, acalmando a mente e relaxando o corpo. Cada inspiração traz uma sensação de paz, enquanto cada expiração libera as tensões e os pensamentos dispersos. Esse estado de serenidade é essencial para acessar a conexão com o propósito divino, pois a presença de Miguel se manifesta de maneira sutil e profunda, guiando o praticante para dentro de si mesmo, onde o propósito verdadeiro pode ser sentido e compreendido.

Para abrir o canal de comunicação, o praticante pode iniciar com uma invocação ao Arcanjo Miguel, como: "Arcanjo Miguel, guardião do propósito e da luz divina, eu te invoco para que me guies e reveles o propósito maior que existe para minha vida. Que tua sabedoria ilumine meu caminho e que eu possa ouvir a voz de minha alma." Essa invocação expressa a intenção de se alinhar ao propósito divino e permite que a energia de Miguel o envolva, trazendo clareza e orientação.

A visualização da chama azul de Miguel é uma prática poderosa para acessar o propósito divino. O praticante visualiza uma chama azul brilhante no centro de seu coração, uma luz que representa a presença de Miguel e a chama de seu propósito. À medida que essa luz cresce, ele imagina que a chama se expande, envolvendo todo o seu corpo e preenchendo-o com uma sensação de paz e certeza. Essa chama não apenas ilumina o coração, mas também simboliza a verdade mais profunda do praticante, revelando aspectos de sua essência que podem estar ocultos ou esquecidos. Essa prática é uma forma de abrir-se para a sabedoria de Miguel e de conectar-se com a missão de sua alma.

Durante essa visualização, o praticante pode fazer perguntas internas, como: "Qual é meu verdadeiro propósito?" ou "Como posso servir ao bem maior?" A resposta pode surgir como um sentimento, uma imagem ou um pensamento que traz uma sensação de clareza e direção. Ao visualizar-se realizando seu propósito, o praticante sente-se inspirado e energizado, como se estivesse sendo guiado por uma força maior. A presença de Miguel fortalece essa visão, infundindo confiança para seguir o caminho revelado.

Outra técnica eficaz para o alinhamento é a prática de escrita intuitiva. Com um caderno dedicado, o praticante pode começar escrevendo sua intenção de descobrir e alinhar-se ao propósito divino, formulando perguntas ou simplesmente escrevendo o que vier à mente. A prática de escrever sem censura ou julgamento permite que os pensamentos fluam livremente, revelando insights sobre o propósito de vida que podem surgir de forma inesperada. Ao reler o que escreveu, o praticante pode perceber padrões ou mensagens que oferecem orientação para sua missão pessoal.

A prática de meditação guiada com Miguel é outra forma de acessar o propósito divino. Nessa prática, o praticante visualiza-se em um local tranquilo, como uma montanha ou uma clareira ensolarada, onde ele se encontra com Miguel. Ele sente a presença do arcanjo ao seu lado, uma figura luminosa e acolhedora. Mentalmente, ele pede a Miguel que o ajude a ver seu propósito e a alinhar suas intenções com o plano divino. Durante essa meditação, o praticante pode receber imagens, palavras ou simplesmente uma sensação de paz que indica que está no caminho certo. Esse contato direto com Miguel desperta uma confiança profunda na própria jornada.

Para aqueles que buscam uma direção prática e imediata, a técnica de percepção de sinais externos é extremamente valiosa. Miguel, como guia espiritual, muitas vezes envia sinais na forma de sincronicidades, encontros inesperados ou mensagens que aparecem de forma repetida. O praticante deve estar atento a essas coincidências, percebendo como elas podem revelar caminhos ou oportunidades relacionadas ao seu propósito. Anotar esses sinais e refletir sobre seu significado ajuda a decifrar as orientações de Miguel.

A oração diária é uma ferramenta poderosa para manter o alinhamento com o propósito divino. O praticante pode recitar uma oração curta, como: "Arcanjo Miguel, que minha vida seja guiada pelo propósito divino. Que eu esteja sempre alinhado com a verdade de minha alma e com o bem maior." Essa oração, repetida com frequência, cria uma conexão constante com a presença de Miguel, lembrando ao praticante seu compromisso com o propósito maior de sua existência.

Os cristais também podem ser utilizados para intensificar essa conexão com o propósito divino. Pedras como a ametista, o quartzo transparente e a selenita amplificam a clareza mental e espiritual, ajudando o praticante a se abrir para a intuição e a percepção de seu propósito. Ao segurar esses cristais durante a meditação ou visualização, o praticante permite que a energia do arcanjo flua para ele, iluminando seu caminho com uma visão mais clara de sua missão.

Após cada prática de alinhamento, o praticante deve dedicar um momento para agradecer a Miguel pela orientação recebida. Uma expressão de gratidão, como: "Gratidão, Arcanjo Miguel, por tua luz e sabedoria. Que eu siga meu propósito com coragem e amor," sela o momento e reforça o vínculo com o arcanjo. Esse agradecimento final é uma forma de reconhecer que o propósito divino é um processo contínuo de descoberta e crescimento, e que a presença de Miguel é uma constante ao longo dessa jornada.

Com o tempo, o alinhamento com o propósito divino transforma o praticante, trazendo-lhe uma sensação de paz, significado e direção. Ele aprende que seu papel vai além do mundano, que sua vida tem uma missão única, e que, ao se alinhar com Miguel e com o propósito divino, ele encontra um caminho de realização e serviço. Essa conexão com Miguel fortalece sua coragem e determinação, permitindo-lhe enfrentar desafios e acolher oportunidades com a certeza de que está no caminho certo.

O propósito divino é mais que uma meta; é a expressão da essência do praticante, que, com o apoio de Miguel, encontra um sentido profundo e uma razão para cada passo que dá. Ao caminhar nessa direção, ele se torna uma manifestação da luz e da verdade de Miguel, vivendo com plenitude e cumprindo sua missão com coração aberto e espírito elevado.

Capítulo 28
Viagens Astrais e Projeção Etérica

O Arcanjo Miguel é um poderoso protetor e guia nas práticas de viagens astrais e projeções etéricas, métodos que permitem ao praticante explorar dimensões espirituais e acessar realidades além do plano físico. Essas práticas são instrumentos para o autoconhecimento, para a cura e para o fortalecimento espiritual, e Miguel, como guardião dos viajantes espirituais, oferece segurança e orientação em cada etapa do processo. Através da proteção de Miguel, o praticante pode explorar esses reinos de forma segura, sabendo que está amparado por uma presença que o protege de energias indesejadas e o orienta em sua jornada.

Antes de iniciar uma viagem astral ou projeção etérica, o praticante deve preparar seu corpo e mente, criando um estado de relaxamento profundo e de tranquilidade. Escolher um ambiente calmo e limpo, onde possa se deitar confortavelmente, é essencial para manter a concentração. Ele pode acender uma vela azul, representando a proteção de Miguel, e queimar um incenso de mirra ou sálvia, que purifica o ambiente e eleva a vibração. Esse preparo ajuda a criar uma atmosfera sagrada e a estabelecer um campo de proteção que o conecta com a presença de Miguel.

Para entrar no estado ideal de relaxamento, o praticante começa com uma respiração profunda e lenta, concentrando-se no ritmo de suas inspirações e expirações. Ele se permite liberar as tensões do corpo e da mente, até sentir-se completamente calmo e receptivo. Esse estado de serenidade é fundamental para as práticas de projeção, pois permite que a consciência se desprenda do corpo físico de maneira suave e natural. Ao chegar a esse estado, o praticante já pode começar a sentir a presença de Miguel, cuja energia cria uma sensação de segurança e paz.

Com o corpo e a mente preparados, o praticante inicia uma invocação para Miguel, pedindo sua proteção e orientação durante a jornada. Uma invocação eficaz pode ser: "Arcanjo Miguel, guardião dos viajantes espirituais, peço que tua luz azul me envolva e me proteja nesta jornada. Que eu seja guiado e amparado por tua presença, e que minha consciência viaje em segurança sob tua guarda." Essa invocação abre o canal de conexão com Miguel, criando um vínculo que garante proteção contra qualquer energia densa ou força perturbadora.

A visualização de um escudo de luz azul é uma técnica essencial para estabelecer uma camada de proteção ao redor do corpo e da consciência. O praticante imagina uma esfera de luz azul intensa ao seu redor, cobrindo-o completamente. Essa esfera é a essência de Miguel, uma barreira que bloqueia qualquer interferência indesejada, permitindo que ele viaje apenas por dimensões e realidades que estejam alinhadas com o seu bem maior. Esse escudo de luz azul mantém o praticante em um estado de serenidade e confiança, proporcionando um campo seguro para que sua consciência se expanda.

A técnica de desdobramento consciente é uma das práticas centrais na projeção astral com a ajuda de Miguel. Com os olhos fechados, o praticante imagina que está saindo suavemente de seu corpo físico, como se estivesse flutuando acima de si mesmo. Ele visualiza que Miguel está ao seu lado, envolvendo-o com sua luz e guiando seus movimentos. Ao "se ver" deitado e ao sentir-se fora do corpo, ele percebe uma sensação de leveza e liberdade, sabendo que está seguro sob a proteção de Miguel. Essa técnica permite que o praticante mantenha o controle e o equilíbrio durante o processo, sentindo-se amparado em cada fase da experiência.

Durante a viagem astral, o praticante pode pedir a Miguel que o guie a locais ou dimensões específicas que possam ajudar em seu desenvolvimento espiritual ou que proporcionem curas e respostas para questões pessoais. Miguel, como protetor e guia, conduz o praticante apenas a reinos que ressoam com sua vibração espiritual, onde ele poderá encontrar sabedoria e paz. Essa orientação é especialmente útil para aqueles que desejam acessar planos de aprendizado e explorar aspectos de sua alma que permanecem ocultos no dia a dia.

A prática de estabelecer um ponto de retorno seguro é importante para manter a conexão com o corpo físico durante a projeção. O praticante visualiza um cordão de luz azul, que conecta seu corpo físico à sua consciência projetada. Esse cordão é um elo que garante que ele possa retornar ao corpo de forma rápida e segura, sempre que desejar. Durante a prática, o praticante deve manter-se consciente desse cordão, sentindo-se ancorado e protegido. O cordão de luz, guiado por Miguel, é uma linha segura que o mantém ligado ao corpo físico e à sua realidade.

Para aqueles que desejam explorar dimensões específicas ou acessar conhecimentos superiores, a prática da pergunta e resposta durante a projeção é uma ferramenta valiosa. Em estado de projeção, o praticante pode formular perguntas diretamente a Miguel ou pedir que ele o guie a um lugar onde possa encontrar respostas. Essas perguntas devem ser formuladas com clareza e respeito, com a intenção sincera de receber orientação e sabedoria. As respostas podem vir na forma de símbolos, sentimentos ou insights que surgem durante a projeção e que ajudam o praticante a compreender melhor seu caminho e propósito.

Ao finalizar a projeção, o praticante deve retornar ao corpo físico de maneira tranquila e consciente. Ele imagina que está se aproximando lentamente de seu corpo, reencaixando-se de forma suave e sentindo cada parte de seu ser físico. Após o retorno, ele pode abrir os olhos devagar, mantendo-se deitado por alguns momentos para sentir a reconexão completa. Esse processo de reintegração é essencial para assegurar que a consciência esteja completamente ancorada, permitindo que ele retorne à sua realidade com paz e equilíbrio.

A prática de agradecimento ao final da projeção é fundamental para fortalecer o vínculo com Miguel e honrar sua proteção. O praticante pode dedicar alguns minutos para expressar sua gratidão, dizendo: "Gratidão, Arcanjo Miguel, por tua proteção e por tua luz durante esta jornada. Que tua presença continue a guiar meus passos no caminho da paz e do conhecimento." Essa gratidão encerra a prática com respeito, selando a experiência de forma positiva e reforçando a conexão com Miguel.

Para aqueles que desejam aprofundar-se na prática da viagem astral, é recomendável manter um diário onde possam registrar as experiências e insights recebidos durante as projeções. Esse diário torna-se um guia pessoal de autoconhecimento, ajudando o praticante a compreender suas experiências e a observar padrões e ensinamentos que surgem ao longo do tempo. Ao revisar as anotações, ele pode ver o crescimento de sua prática e a riqueza das lições aprendidas sob a proteção de Miguel.

Com o tempo, a prática de viagens astrais e projeções etéricas guiadas por Miguel proporciona ao praticante um entendimento mais amplo de sua própria espiritualidade e do universo ao seu redor. Ele se torna capaz de explorar outras dimensões e de acessar partes de sua consciência que antes pareciam inatingíveis. Miguel, como guardião e protetor, está sempre ao seu lado, garantindo que cada experiência seja segura e enriquecedora, levando o praticante a um nível mais profundo de compreensão e união com o divino.

Essa jornada espiritual, guiada pela presença de Miguel, permite ao praticante expandir sua consciência e descobrir que a vida é muito mais vasta e conectada do que ele poderia imaginar. Ao explorar esses reinos espirituais com coragem e proteção, ele transforma-se, trazendo de volta à sua vida cotidiana uma sabedoria mais profunda, uma paz duradoura e um entendimento maior sobre sua verdadeira essência e propósito.

Capítulo 29
Trabalho de Cura em Grupo

O trabalho de cura em grupo é uma prática de elevada importância espiritual, pois reúne as intenções e energias de várias pessoas em um só propósito: a cura e o bem-estar do coletivo. Sob a orientação e proteção do Arcanjo Miguel, essa prática é potencializada, criando um ambiente de profunda paz e harmonia, onde cada participante contribui com sua força, enquanto também recebe o apoio do grupo. Miguel, como protetor e guia, proporciona uma camada adicional de proteção, garantindo que a energia do grupo seja segura, limpa e dirigida ao bem maior de todos os envolvidos.

Para iniciar o trabalho de cura em grupo, é fundamental preparar o ambiente para receber as energias de todos os participantes e a presença de Miguel. Escolher um local onde todos possam sentar-se confortavelmente em círculo é ideal, pois o círculo simboliza a igualdade e a conexão entre todos, permitindo que a energia flua livremente. No centro do círculo, uma vela azul é acesa em honra a Miguel, representando sua proteção e iluminação, enquanto um incenso de lavanda ou mirra purifica o espaço e eleva a vibração do ambiente.

Assim que o ambiente estiver pronto, cada participante pode começar a focar em sua respiração, liberando qualquer tensão ou preocupação que possa estar carregando. É importante que cada um entre no estado de paz e receptividade, preparando-se para o momento de cura coletiva. Ao unificar a respiração, o grupo cria uma sintonia que estabelece uma base energética harmoniosa, essencial para que o trabalho de cura em grupo flua com maior força e propósito.

Para invocar a presença de Miguel, o líder do grupo — ou alguém escolhido para a condução — realiza uma invocação coletiva, chamando o arcanjo para abençoar o trabalho de cura. Uma invocação adequada para esse momento pode ser: "Arcanjo Miguel, guia e protetor, invocamos tua presença e tua luz neste espaço. Que tua proteção envolva cada um de nós e que tua energia conduza o trabalho de cura que estamos prestes a realizar. Que sejamos canais da tua paz e do teu amor." Essa invocação cria um campo sagrado, protegendo o grupo e convidando a energia de Miguel para agir no espaço.

A visualização de um círculo de luz azul ao redor do grupo é uma prática essencial para estabelecer a proteção espiritual durante o trabalho de cura. Cada participante visualiza uma luz azul intensa envolvendo todo o círculo, criando um escudo de proteção que impede a entrada de qualquer energia densa ou negativa. Esse escudo, guiado por Miguel, garante que a energia do grupo permaneça pura e focada na intenção de cura, proporcionando um espaço seguro onde todos podem se abrir sem receios.

Com a proteção estabelecida, o grupo pode iniciar a prática de cura coletiva, onde cada participante contribui com sua energia e, ao mesmo tempo, recebe o benefício da energia do grupo. Uma técnica eficaz é a visualização de um feixe de luz que sai do coração de cada participante, unindo-se no centro do círculo, onde a vela de Miguel está posicionada. Esse feixe de luz representa a intenção de cura, e ao se unir, cria uma energia poderosa e coesa que beneficia todos. A luz central, alimentada pela presença de Miguel, torna-se um ponto de cura, irradiando paz, harmonia e renovação para cada pessoa no grupo.

Durante a prática, os participantes podem dedicar alguns momentos para enviar intenções específicas de cura para o grupo como um todo, ou para uma pessoa que necessite de apoio em particular. O líder pode guiar essa fase, incentivando cada um a mentalizar suas intenções de cura e a enviá-las ao centro do círculo, onde a energia de Miguel amplifica cada intenção. Miguel atua como um mediador, garantindo que cada intenção seja absorvida com sabedoria e distribuída com amor, promovendo cura em todos os níveis.

A prática do "abraço energético" é uma técnica de conexão e acolhimento que pode ser integrada ao trabalho de cura em grupo. Cada participante visualiza que está envolvido em um abraço de luz, como se Miguel estivesse ali, envolvendo e amparando a todos. Esse abraço coletivo transmite uma sensação de proteção e conforto, onde cada um sente-se aceito e fortalecido pela energia do grupo. Essa prática ajuda a liberar quaisquer medos ou inseguranças que possam estar presentes, permitindo que a cura ocorra em um nível mais profundo e acolhedor.

A respiração sincronizada é outra prática que fortalece o vínculo energético do grupo. Ao inspirar e expirar juntos, os participantes entram em um estado de sintonia e unidade, como se estivessem respirando em um mesmo ritmo. Essa sincronização facilita o fluxo de energia de cura e reforça a conexão entre todos, criando um campo de energia coeso e harmônico. Durante a respiração, cada um pode visualizar que está absorvendo a luz azul de Miguel e, ao expirar, está compartilhando essa luz com o grupo, ampliando a proteção e a paz no círculo.

O uso de cristais de cura, como o quartzo rosa para o amor e a harmonia, a ametista para a paz espiritual e a selenita para a purificação, pode potencializar a energia de cura em grupo. Esses cristais podem ser dispostos ao redor da vela central ou segurados por cada participante, ajudando a ancorar a energia de Miguel e a distribuir a cura de forma equilibrada. Durante a prática, cada cristal absorve e amplifica a energia do grupo, tornando-se uma fonte de paz e serenidade que beneficia todos.

Ao final do trabalho de cura, o grupo dedica alguns minutos para encerrar a prática de forma respeitosa, agradecendo a Miguel e a todos os participantes pelo compromisso e pela energia compartilhada. Uma oração de encerramento, como: "Gratidão, Arcanjo Miguel, por tua presença e por tua luz. Que nossa cura seja levada ao bem maior e que a paz permaneça em nossos corações," sela a prática com reverência, deixando uma sensação de harmonia e satisfação. Esse encerramento é uma forma de honrar o vínculo criado, respeitando a presença de Miguel e a conexão entre todos.

Para prolongar os efeitos do trabalho de cura em grupo, os participantes são incentivados a manterem-se em contato com essa energia nos dias seguintes, cultivando pensamentos e ações que promovam paz e bem-estar. Eles podem também carregar consigo um cristal usado na prática, como uma lembrança da energia de cura e da presença de Miguel, mantendo viva a sensação de proteção e harmonia.

Com o tempo, o trabalho de cura em grupo com a presença de Miguel se torna um ato de união e fortalecimento espiritual, que não apenas cura os indivíduos, mas também contribui para a elevação do coletivo. O praticante percebe que, ao curar-se em grupo, ele é parte de um processo maior, onde a energia de cura se espalha e toca todos os presentes, criando uma corrente de amor e luz que reverbera para além do círculo.

Essa prática de cura coletiva, guiada pelo Arcanjo Miguel, transforma o grupo em uma comunidade de apoio e proteção, onde cada pessoa se sente segura para abrir seu coração e receber a cura de que necessita. Ao final, todos saem renovados, com a certeza de que, juntos, e sob a guarda de Miguel, podem enfrentar qualquer desafio e promover a paz e o bem-estar em suas vidas e na vida de todos com quem compartilham essa jornada espiritual.

Capítulo 30
Miguel como Mensageiro Divino

O Arcanjo Miguel, além de seu papel como protetor e guerreiro celestial, é amplamente reconhecido como um mensageiro da vontade divina, sendo um elo entre o mundo espiritual e o plano terreno. Seu papel como mensageiro divino vai além de transmitir palavras; Miguel orienta, inspira e revela os propósitos elevados, ajudando aqueles que buscam viver em alinhamento com a verdade e a missão espiritual que cada um carrega. Receber suas mensagens é, portanto, abrir-se para uma nova compreensão de si mesmo e do universo, alinhando-se com o plano divino e ouvindo a voz que ressoa do coração da criação.

Para estabelecer uma conexão e interpretar as mensagens de Miguel, o praticante deve, antes de tudo, preparar seu coração e sua mente para ouvir. Criar um espaço sagrado com uma vela azul e um incenso de olíbano ou sândalo ajuda a sintonizar o ambiente com a energia de Miguel, elevando a vibração do local. Esta preparação não só acalma o praticante como também facilita a abertura para a presença do arcanjo e a recepção das mensagens com clareza.

Sentado em um local confortável, o praticante deve focar em sua respiração, inspirando profundamente e liberando qualquer tensão acumulada. Com o corpo e a mente em paz, ele pode fazer uma invocação para chamar Miguel e pedir que suas mensagens sejam reveladas. Uma invocação simples e sincera pode ser: "Arcanjo Miguel, mensageiro da luz divina, abro meu coração e minha mente para tua orientação. Que tua voz se faça ouvir, trazendo clareza e sabedoria para minha vida. Que eu possa compreender e honrar a vontade divina." Essa invocação estabelece o compromisso do praticante de ouvir e interpretar as mensagens com respeito e devoção, abrindo o canal de comunicação com o arcanjo.

A prática de silêncio meditativo é uma das técnicas mais eficazes para ouvir as mensagens de Miguel. Com os olhos fechados, o praticante entra em um estado de tranquilidade e receptividade, permitindo que pensamentos, sentimentos ou imagens surjam de forma natural. Miguel se comunica de maneiras sutis, e muitas vezes suas mensagens chegam em forma de intuições, ideias que surgem espontaneamente ou até mesmo sensações de conforto e segurança. Nesse estado, o praticante percebe que as respostas podem ser recebidas não apenas em palavras, mas também como uma compreensão intuitiva e profunda.

Para aqueles que desejam uma orientação mais específica, a prática de perguntas e respostas é uma técnica valiosa. Após a invocação e o momento de silêncio, o praticante pode formular uma pergunta clara e objetiva, relacionada a um desafio, dúvida ou decisão que enfrenta. A pergunta pode ser algo como: "Arcanjo Miguel, o que preciso saber para seguir o caminho que está alinhado com minha verdade?" ou "Como posso superar essa situação com paz e clareza?" Depois de fazer a pergunta, ele relaxa e permite que as respostas surjam. Essas respostas podem vir imediatamente, como um insight, ou ao longo do dia, através de sinais e sincronicidades que Miguel utiliza para guiar o praticante.

A técnica de escrita intuitiva é outra maneira de receber as mensagens de Miguel e interpretá-las de forma mais clara. Após a invocação, o praticante pega um caderno e escreve livremente, sem julgar ou censurar o que surge. Ele escreve os pensamentos, sentimentos e ideias que surgem, como se estivesse canalizando a própria sabedoria de Miguel. Esse fluxo de escrita é muitas vezes revelador, e ao reler o que escreveu, o praticante percebe conselhos e orientações que ressoam com sua intuição e que ajudam a esclarecer suas perguntas.

Para interpretar as mensagens, é importante que o praticante esteja atento aos sinais externos. Miguel utiliza o ambiente ao redor para enviar mensagens por meio de sincronicidades, como números repetidos, palavras que surgem com frequência, ou até encontros e situações inesperadas que carregam um significado especial. O praticante deve prestar atenção a esses sinais e refletir sobre o que eles podem estar comunicando, especialmente se ocorrem em momentos significativos ou em resposta a perguntas específicas. Esses sinais são uma extensão das mensagens de Miguel e são uma maneira de o arcanjo transmitir suas orientações de forma prática e tangível.

Outra prática que aprofunda a comunicação com Miguel como mensageiro divino é a visualização. Com os olhos fechados, o praticante imagina Miguel ao seu lado, irradiando uma luz azul intensa e serena. Ele visualiza Miguel segurando um pergaminho ou um símbolo luminoso, representando a mensagem que o arcanjo deseja transmitir. O praticante se aproxima e, mentalmente, pede para receber a orientação. Nesse momento, ele pode receber insights, imagens ou simplesmente uma sensação de paz e compreensão. A visualização permite que o praticante estabeleça um contato mais íntimo com Miguel, abrindo-se para a interpretação intuitiva de suas mensagens.

Para reforçar a conexão e interpretar melhor as mensagens, o praticante pode utilizar cristais como a sodalita e a ametista, que amplificam a intuição e promovem clareza mental. Esses cristais podem ser segurados durante a meditação ou mantidos próximos ao corpo ao longo do dia, ajudando a manter o vínculo com a energia de Miguel e a perceber as mensagens de maneira mais nítida. Os cristais atuam como pontes entre o praticante e as frequências elevadas de Miguel, sintonizando sua mente e coração para interpretar as orientações com confiança e sabedoria.

A oração de agradecimento é fundamental para fortalecer o vínculo com Miguel e para honrar as mensagens recebidas. Após a prática de comunicação, o praticante dedica um momento para expressar sua gratidão, dizendo: "Gratidão, Arcanjo Miguel, por tua sabedoria e por tua luz. Que eu possa honrar e seguir tua orientação, guiado pela verdade e pelo amor." Essa oração finaliza a prática com reverência, reforçando a disposição do praticante de integrar as orientações de Miguel em sua vida.

Ao longo do tempo, o praticante aprende a reconhecer as mensagens de Miguel em seu dia a dia, percebendo como suas orientações podem se manifestar de forma espontânea e contínua. Essa prática se transforma em um diálogo constante, onde Miguel surge como uma presença amorosa e orientadora, sempre disponível para guiar o praticante em direção à verdade e ao propósito divino.

O Arcanjo Miguel, como mensageiro da vontade divina, não apenas oferece respostas, mas também ensina o praticante a confiar em sua própria intuição e a caminhar com fé. Esse relacionamento fortalece a confiança espiritual, permitindo que o praticante viva em harmonia com a vontade superior e que cada passo de sua jornada seja guiado pela luz e sabedoria de Miguel.

Capítulo 31
Serviço e Missão Espiritual

O serviço e a missão espiritual são a essência de uma vida alinhada com a vontade divina e o propósito maior. Com o apoio do Arcanjo Miguel, o praticante é guiado a encontrar formas de contribuir para o bem-estar coletivo, colocando seus dons e talentos a serviço da humanidade. Miguel, como arcanjo protetor e guia, é um aliado essencial nesse caminho de entrega, oferecendo coragem, clareza e força para que o praticante dedique sua vida a um propósito que transcende o ego e se conecta ao divino.

Para iniciar a jornada em direção ao serviço espiritual, o praticante deve primeiramente fazer uma reflexão sobre suas habilidades e paixões, identificando como pode utilizá-las para o benefício dos outros. Encontrar uma missão espiritual não significa necessariamente abandonar a vida cotidiana, mas sim alinhar os próprios atos e intenções com valores elevados, buscando trazer luz e amor para o mundo. O praticante pode começar com uma breve meditação ou momento de introspecção, sintonizando-se com o coração e perguntando a si mesmo como pode servir de maneira significativa.

A invocação ao Arcanjo Miguel é fundamental para buscar orientação e clareza sobre o próprio caminho de serviço. O praticante pode realizar uma invocação como: "Arcanjo Miguel, guia divino e protetor, peço tua orientação para descobrir minha missão espiritual. Que eu possa viver com propósito, servindo ao bem maior. Mostra-me o caminho para que minhas ações e intenções reflitam a luz divina." Com essa oração, o praticante abre um canal de conexão com Miguel, solicitando a presença e a sabedoria do arcanjo para alinhar sua vida com a missão espiritual que o universo reservou para ele.

    A prática da visualização de Miguel ao lado do praticante, irradiando uma luz azul protetora, é uma forma poderosa de receber inspiração sobre o próprio serviço. O praticante imagina que essa luz envolve seu coração, ativando uma força interna e uma sensação de paz e propósito. Miguel, com sua energia de coragem e determinação, ajuda o praticante a identificar o que verdadeiramente ressoa com sua alma e a afastar dúvidas e medos que possam surgir ao longo do caminho.

    Para aqueles que buscam uma direção mais específica sobre sua missão, a técnica de perguntas e respostas com Miguel é extremamente útil. Após a invocação e a visualização, o praticante pode fazer perguntas claras, como: "Qual é a minha missão neste mundo?" ou "Como posso utilizar meus dons para servir aos outros?" Ao manter-se receptivo, ele permite que respostas surjam de forma intuitiva, seja como pensamentos, imagens ou sensações. Miguel age como um guia, trazendo clareza sobre o papel do praticante no plano maior e ajudando-o a definir o serviço espiritual com mais segurança.

    A prática de escrita intuitiva pode complementar essa busca, oferecendo uma maneira de registrar e compreender as orientações de Miguel. O praticante pode escrever livremente sobre suas ideias e inspirações em um caderno, deixando que as palavras fluam sem censura. Ao revisar suas anotações, ele perceberá padrões e temas que se repetem, revelando pistas sobre sua missão. A escrita torna-se um canal de autoexpressão e um meio de interpretar as mensagens de Miguel, permitindo ao praticante descobrir os caminhos que melhor refletem sua missão espiritual.

    Uma técnica importante é o uso de afirmações de compromisso com o serviço espiritual. O praticante pode criar uma afirmação que simbolize sua dedicação, como: "Eu me coloco a serviço do bem maior, guiado pelo amor e pela luz de Miguel." Repetir essa afirmação regularmente é uma maneira de reforçar o compromisso e de se lembrar do propósito elevado que escolheu seguir. A prática das afirmações mantém a intenção de serviço presente no cotidiano, ajudando o praticante a viver de maneira alinhada e consciente.

Para fortalecer a dedicação ao serviço espiritual, o praticante pode consagrar um amuleto ou cristal à energia de Miguel, que o lembrará de sua missão sempre que precisar de coragem ou orientação. Cristais como a turmalina azul e a sodalita são ideais para esse propósito, pois amplificam a clareza mental e a conexão espiritual. Durante a consagração, ele pode pedir a Miguel que o abençoe com a coragem e a sabedoria necessárias para trilhar o caminho do serviço. Carregar esse amuleto consigo ou mantê-lo em um local sagrado é um lembrete tangível da presença de Miguel e do compromisso com sua missão.

Para desenvolver o espírito de serviço em seu cotidiano, o praticante deve buscar pequenos gestos que reflitam sua dedicação ao bem maior. Miguel ensina que o serviço espiritual não precisa de grandes gestos; mesmo atos de bondade, compaixão e paciência, quando realizados com intenção, tornam-se expressões de uma vida alinhada com o propósito. O praticante pode se engajar em atividades de voluntariado, ajudar pessoas ao seu redor, ou simplesmente cultivar um ambiente de paz e harmonia onde quer que esteja. Cada ato de serviço, por menor que seja, fortalece a conexão com a missão espiritual e amplia a presença de Miguel em sua vida.

A prática da meditação guiada com Miguel para o fortalecimento do propósito é uma forma de renovar a intenção de serviço. Nessa meditação, o praticante visualiza Miguel ao seu lado, transmitindo-lhe coragem e clareza, e permitindo que ele visualize o impacto positivo de sua missão no mundo. Esse exercício ajuda a manter o foco no propósito e a perceber que seu serviço não é apenas uma contribuição individual, mas parte de uma rede de apoio e transformação espiritual.

Ao final de cada prática de serviço, o praticante dedica um momento para agradecer a Miguel, reconhecendo seu apoio e orientação. Uma oração simples de agradecimento, como

"Gratidão, Arcanjo Miguel, por tua presença e por me guiar no caminho do serviço. Que minha vida seja uma expressão de amor e paz," sela o compromisso com humildade e gratidão. Essa expressão final fortalece o vínculo com o arcanjo e renova o comprometimento com o serviço espiritual, deixando o praticante em paz e em sintonia com sua missão.

Com o tempo, a dedicação ao serviço e à missão espiritual transforma o praticante, trazendo-lhe uma sensação de plenitude e realização. Ele aprende que viver para o bem maior é uma fonte de alegria e de propósito, que Miguel está sempre ao seu lado, fortalecendo-o em cada ato e guiando seus passos com sabedoria. Essa jornada de serviço é um caminho de autotransformação, onde o praticante descobre que, ao ajudar os outros, ele também se cura e se torna uma expressão viva da luz e do amor divinos.

A missão espiritual, iluminada pelo Arcanjo Miguel, transforma a vida do praticante em uma trajetória de significado e serviço, onde cada ato, cada palavra e cada pensamento refletem a intenção de contribuir para um mundo melhor e mais elevado. Através de seu compromisso, ele se torna um canal de cura e paz, levando a presença de Miguel a todos que cruzam seu caminho e cumprindo sua missão com integridade, coragem e compaixão.

Capítulo 32
Ascensão Espiritual com Miguel

A ascensão espiritual é o processo de elevar a consciência, expandindo-a além das limitações do mundo físico para um estado de união com o divino. Com a orientação e proteção do Arcanjo Miguel, o praticante é conduzido a acessar níveis mais elevados de compreensão e autotransformação. Miguel, como guardião e mestre de evolução espiritual, ajuda a remover bloqueios, ampliar a percepção e abrir o coração do praticante para o amor e a sabedoria universais. Esse processo é uma jornada de profunda autodescoberta e iluminação, onde cada passo leva o praticante mais perto de sua verdadeira essência.

Para iniciar essa jornada de ascensão com Miguel, é essencial que o praticante prepare-se tanto fisicamente quanto mentalmente. Reservar um local sagrado para suas práticas, onde possa se concentrar e meditar sem interrupções, é fundamental. Ele pode acender uma vela azul e um incenso de mirra, elementos que elevam a vibração do espaço e ancoram a presença de Miguel. Essa preparação ajuda a criar um campo de paz e proteção, permitindo que o praticante se entregue ao processo com confiança e serenidade.

A prática de invocação ao Arcanjo Miguel é o primeiro passo para abrir-se à ascensão espiritual. Uma invocação sincera, como: "Arcanjo Miguel, guia de luz e guardião do caminho espiritual, abro meu coração e minha mente para a jornada de ascensão. Que tua luz me guie e tua proteção me envolva enquanto busco o divino dentro de mim," fortalece o compromisso do praticante e cria um elo de conexão direta com

Miguel. Essa invocação simboliza a disposição de transcender o ego e de abrir-se para a verdade mais elevada.

A visualização de uma coluna de luz azul descendo dos céus é uma técnica poderosa para conectar-se com as energias superiores e iniciar o processo de ascensão. O praticante imagina essa coluna de luz descendo sobre ele, como uma cascata de energia azul que envolve todo o seu ser, limpando e purificando qualquer bloqueio ou energia densa. Essa luz azul é a essência de Miguel, que ajuda a remover os obstáculos e a preparar o praticante para acessar níveis mais elevados de consciência. Enquanto a luz o envolve, ele sente que seu campo energético está sendo purificado e alinhado com a frequência do divino.

Durante essa visualização, o praticante pode concentrar-se nos chakras, visualizando que cada centro de energia é ativado e harmonizado pela luz azul de Miguel. Ele pode começar pelo chakra raiz, na base da coluna, e subir progressivamente até o chakra da coroa, no topo da cabeça. À medida que cada chakra é purificado, o praticante sente que seu corpo e sua mente se tornam mais leves e receptivos, prontos para acolher as energias de ascensão. Esse alinhamento permite que ele se sintonize com sua essência espiritual e que comece a acessar níveis mais profundos de autocompreensão e conexão com o divino.

A prática de meditação com Miguel para a expansão da consciência é outra ferramenta essencial na jornada de ascensão. Com os olhos fechados e o corpo relaxado, o praticante visualiza-se em um campo de luz, onde Miguel está ao seu lado, irradiando sabedoria e paz. Durante essa meditação, o praticante pode pedir a Miguel que o ajude a ver além das ilusões do mundo material e a perceber a verdade espiritual que existe em cada ser e em cada situação. Essa prática amplia a percepção, permitindo que o praticante observe a vida com uma visão mais clara e compassiva, livre dos julgamentos e apegos.

Para aqueles que desejam aprofundar-se ainda mais, a prática de perguntas internas é uma maneira de acessar a sabedoria divina. O praticante, em estado de meditação, formula perguntas que tocam o propósito de sua vida e os mistérios do universo, como: "Qual é o sentido mais elevado de minha existência?" ou "Como posso integrar a consciência divina em minha vida diária?" As respostas podem surgir como intuições, imagens ou sensações que trazem clareza e revelações profundas. Miguel, como guia espiritual, facilita esse processo, garantindo que o praticante receba as respostas em um nível de compreensão que ele está preparado para absorver.

    A técnica de respiração consciente também é fundamental no caminho da ascensão. O praticante pode concentrar-se na respiração, inspirando a luz azul de Miguel e expirando qualquer tensão, medo ou bloqueio. Com cada inspiração, ele sente que está absorvendo a paz e a sabedoria do divino, enquanto a expiração libera o que não mais serve ao seu crescimento. Essa prática de respiração não só acalma a mente, mas também eleva a frequência do corpo energético, preparando-o para acessar estados superiores de consciência.

    Para manter a vibração elevada e fortalecer o vínculo com Miguel, o praticante pode utilizar cristais de ascensão, como o quartzo transparente, a selenita e a ametista. Esses cristais ajudam a amplificar a energia espiritual e a promover a clareza mental e emocional. Durante a meditação ou a prática de respiração, ele pode segurar um desses cristais ou colocá-los sobre os chakras, permitindo que a energia deles intensifique o processo de ascensão e o aproxime das dimensões superiores.

    A prática de gratidão é uma ferramenta essencial para manter-se em sintonia com as energias de ascensão. O praticante dedica alguns minutos para expressar gratidão a Miguel e ao universo, reconhecendo as bênçãos e as oportunidades de crescimento que a jornada espiritual lhe proporciona. Uma oração de agradecimento, como "Gratidão, Arcanjo Miguel, por tua luz e por guiar-me na ascensão espiritual. Que eu possa viver com paz e sabedoria, conectado à verdade divina," sela a prática e mantém a energia elevada, reforçando o compromisso com a evolução espiritual.

    Ao longo do tempo, a prática da ascensão com Miguel transforma a vida do praticante, trazendo-lhe uma visão mais ampla e uma conexão profunda com o divino. Ele percebe que a ascensão espiritual não é apenas um destino, mas uma jornada contínua de autodescoberta, onde cada passo o leva a uma maior compreensão de sua própria essência e do amor universal. Miguel, como guia e protetor, está sempre ao seu lado, ajudando-o a superar qualquer obstáculo e a trilhar o caminho com confiança e gratidão.

Com a orientação de Miguel, o praticante aprende que a verdadeira ascensão espiritual é viver em harmonia com a essência divina, expressando paz, compaixão e sabedoria em todas as áreas de sua vida. Esse estado de consciência elevada transforma o praticante em um farol de luz, irradiando a presença de Miguel e inspirando aqueles ao seu redor a também buscarem a verdade e a paz interior.

Capítulo 33
Rituais Sazonais e Celebrações

Ao longo do ano, diferentes ciclos e mudanças naturais trazem consigo oportunidades para se conectar com as energias cósmicas e renovar as intenções espirituais. Os rituais sazonais e as celebrações em honra ao Arcanjo Miguel são práticas que alinham o praticante com os ritmos da Terra e do universo, trazendo renovação, proteção e força para a jornada espiritual. Celebrar essas datas especiais com Miguel não apenas fortalece a conexão com o arcanjo, mas também lembra o praticante de sua presença constante, como guardião e guia ao longo das fases e transições da vida.

Para começar, é importante que o praticante compreenda o significado das datas e dos ciclos em que essas celebrações ocorrem. Miguel é tradicionalmente honrado em momentos de transição e mudança, como nos equinócios e solstícios, que marcam os pontos de equilíbrio e transformação nos ciclos anuais da Terra. Esses eventos cósmicos, ao serem celebrados com intenção e devoção, criam um portal de energia que facilita a conexão com Miguel e fortalece as intenções espirituais do praticante.

Uma das datas mais importantes para o Arcanjo Miguel é o equinócio de outono (ou de primavera, dependendo do hemisfério), época em que ele é invocado como protetor e purificador. Este é um momento ideal para realizar rituais de gratidão e renovação, agradecendo pelas bênçãos do ano e pedindo a proteção de Miguel para os desafios e oportunidades que virão. O praticante pode preparar um altar especial com elementos da estação — como folhas, flores e cristais — e uma vela azul em honra a Miguel. O altar é uma representação simbólica de seu espaço sagrado, onde ele se conecta com o arcanjo e com as forças da natureza.

Durante o ritual, o praticante pode fazer uma invocação pedindo a proteção e a força de Miguel para atravessar as transições da vida. Uma invocação significativa para essa época pode ser: "Arcanjo Miguel, guardião da luz e protetor das almas, agradeço por tua presença constante. Que tua força me guie e me proteja em cada fase de minha jornada. Que eu enfrente as mudanças com coragem e paz." Esse momento de invocação estabelece o vínculo com Miguel e fortalece a intenção de proteção e renovação.

A visualização de uma chama azul ao redor do praticante é uma prática que intensifica a presença de Miguel durante o ritual. Com os olhos fechados, o praticante visualiza uma chama azul intensa envolvendo seu corpo, transmutando qualquer energia negativa e preenchendo-o com força e coragem. Essa chama azul representa a luz de Miguel, que o purifica e o fortalece para o ciclo que se inicia. Ao visualizar essa chama, o praticante sente que está recebendo a proteção e o poder de Miguel, preparando-se para os desafios e aprendizados da próxima estação.

No solstício de inverno, Miguel é invocado como uma luz que ilumina a escuridão e como uma fonte de esperança e força espiritual. Esse é um período ideal para rituais de introspecção, onde o praticante reflete sobre os desafios que enfrentou e sobre as áreas da vida em que deseja uma transformação. Com uma vela azul e cristais de proteção, como a turmalina negra e a ametista, o praticante cria um espaço de acolhimento e paz, permitindo-se ouvir a orientação de Miguel e renovar sua conexão com a luz interior.

Durante esse ritual de inverno, o praticante pode escrever em um papel tudo o que deseja deixar para trás — sentimentos, medos e bloqueios que o impedem de crescer. Esse papel é então queimado em um ato simbólico de liberação, com a intenção de entregar essas limitações ao arcanjo para que ele as transmute. Esse ato de queima, realizado sob a proteção de Miguel, é um ritual de renascimento, que abre caminho para uma nova fase de coragem e autoconhecimento.

O equinócio de primavera é outra data de celebração para Miguel, onde o praticante celebra a renovação, o crescimento e a abundância. Este é um período de novos começos, de plantio de intenções e de abertura para as bênçãos que o novo ciclo trará. Em seu altar, o praticante pode incluir sementes, flores frescas e uma vela azul, representando o potencial de crescimento e a proteção de Miguel. Ele pode também visualizar essas intenções como pequenas sementes que plantará simbolicamente durante o ritual, pedindo a Miguel que o guie e o proteja enquanto esses objetivos florescem ao longo do ano.

Uma prática de visualização para o equinócio de primavera é imaginar que Miguel está ao seu lado, como um guardião que cuida de cada intenção plantada. O praticante visualiza essas sementes de intenção sendo nutridas pela luz azul do arcanjo, crescendo fortes e saudáveis, até que cada uma se torne uma realização plena. Essa visualização fortalece a confiança do praticante em suas metas, sabendo que ele conta com a proteção e o apoio de Miguel.

Para o solstício de verão, Miguel é celebrado como uma presença radiante de proteção e coragem, que acompanha o praticante no auge de suas atividades e realizações. Esse é um momento de celebração e gratidão, onde o praticante pode refletir sobre os frutos que colheu e as conquistas que alcançou com a ajuda de Miguel. Durante esse ritual, ele pode acender uma vela azul e fazer uma oração de agradecimento, honrando a presença de Miguel em sua vida e pedindo que ele continue a guiar seus passos.

Ao longo do ano, o praticante também pode honrar Miguel em datas pessoais de transição ou de celebração, como aniversários, conquistas, ou momentos de mudança. A criação de rituais personalizados para esses eventos é uma forma de integrar a presença de Miguel nas diferentes fases da vida, celebrando-o como um companheiro espiritual constante. Para esses momentos, o praticante pode adaptar os elementos de seu altar, incluindo objetos e símbolos que representem sua própria história e intenção de celebração.

Para cada um desses rituais sazonais e celebrações, a prática da gratidão é essencial. Ao final do ritual, o praticante dedica um momento para agradecer a Miguel por sua presença e proteção ao longo do ciclo, dizendo: "Gratidão, Arcanjo Miguel, por tua força e tua luz. Que tua proteção permaneça comigo, guiando-me em cada fase de minha vida." Esse agradecimento final sela o ritual com uma vibração positiva, deixando o praticante em paz e alinhado com o arcanjo.

Com o tempo, a prática dos rituais sazonais e celebrações com Miguel fortalece a conexão do praticante com o ciclo natural e com a presença espiritual do arcanjo. Ele percebe que, assim como as estações se renovam, ele também é capaz de se transformar e de evoluir, contando sempre com a proteção e o amor de Miguel. Celebrar essas datas é uma forma de viver em sintonia com o universo, honrando a jornada de crescimento e aprendizado que Miguel ilumina a cada passo.

Capítulo 34
Ensinamentos Esotéricos de Miguel

O Arcanjo Miguel, além de ser um protetor e guia, é também um portador de ensinamentos esotéricos que revelam aspectos profundos da jornada espiritual e da natureza da alma. Esses ensinamentos oferecem ao praticante uma compreensão ampliada sobre o universo, sobre o propósito divino e sobre os mistérios que sustentam a existência. Ao acessar essas lições, o praticante se aproxima de Miguel como um mestre, aprendendo com ele os segredos da criação, da luz e da transmutação espiritual. Essa conexão com o conhecimento esotérico é um convite para explorar camadas sutis de sabedoria, onde a presença de Miguel ilumina o caminho da descoberta interior e da transcendência.

Para abrir-se aos ensinamentos esotéricos de Miguel, o praticante deve cultivar uma postura de humildade e reverência. O entendimento desses mistérios exige preparação e abertura, e, por isso, o praticante deve criar um ambiente sagrado que o ajude a se sintonizar com a presença do arcanjo. Ele pode preparar um altar com uma vela azul, que representa a luz da verdade, e cristais como a ametista e o quartzo transparente, que amplificam a intuição e o entendimento. Esse espaço sagrado se torna um ponto de conexão, onde o praticante pode meditar e receber os ensinamentos com clareza e serenidade.

A invocação a Miguel para acessar seus ensinamentos é um primeiro passo essencial. O praticante pode recitar uma oração como: "Arcanjo Miguel, guardião dos mistérios e da luz divina, peço tua orientação para entender as verdades mais elevadas. Que tua sabedoria revele o caminho e ilumine minha mente e meu coração." Essa invocação abre um canal de aprendizado, onde o praticante demonstra seu desejo sincero de aprender e crescer sob a orientação do arcanjo. Miguel, ao receber esse pedido, abre ao praticante o acesso aos mistérios de maneira gradual, sempre respeitando seu nível de prontidão espiritual.

Para começar a absorver os ensinamentos esotéricos, o praticante pode utilizar a prática de visualização, imaginando-se em uma sala de luz azul, onde encontra Miguel como um mestre espiritual. Miguel aparece com uma presença calma e poderosa, irradiando uma sabedoria que ultrapassa as palavras. O praticante, com o coração aberto, pede para receber o conhecimento que mais precisa naquele momento. Essa visualização permite que ele entre em um estado de receptividade, onde ideias, conceitos e insights podem surgir espontaneamente, como se fossem transmitidos diretamente pela presença de Miguel.

Uma das lições centrais que Miguel transmite é a compreensão sobre a transmutação das energias. Ele ensina que, assim como a chama azul que carrega, a alma humana tem a capacidade de transformar suas próprias sombras e limitações em luz e aprendizado. A prática de transmutação é fundamental nos ensinamentos de Miguel, e o praticante pode começar visualizando que tudo o que o limita — medos, mágoas, padrões negativos — está sendo envolvido pela chama azul de Miguel e transformado em energia pura e luminosa. Essa prática ensina que o poder de transformação está sempre presente e que, com a ajuda de Miguel, o praticante pode alcançar a liberdade interior.

Outro ensinamento esotérico importante de Miguel é a compreensão da verdade divina, que transcende as aparências e revela a essência de cada ser. Miguel ensina que a verdade não é algo externo, mas uma qualidade da própria alma, uma centelha divina que brilha no coração de todos. O praticante pode meditar sobre essa verdade, pedindo a Miguel que o ajude a acessar seu eu autêntico e a agir de acordo com sua verdade interior. Essa prática exige coragem e sinceridade, pois implica ver a si mesmo e ao mundo com olhos desprovidos de ilusões.

A técnica da escrita intuitiva é uma ferramenta valiosa para registrar e interpretar os ensinamentos esotéricos de Miguel. Após a invocação e a visualização, o praticante escreve tudo o que surge em sua mente e coração, sem julgar ou censurar. Esse processo de escrita permite que ele registre os insights e as lições que surgem durante a conexão com Miguel. Ao reler essas anotações, o praticante encontra mensagens de sabedoria e orientação que o ajudam a compreender os mistérios espirituais em um nível mais profundo.

Um dos temas que Miguel frequentemente aborda em seus ensinamentos esotéricos é o conceito de unidade e interconexão. Ele mostra que todas as almas estão ligadas por um fio invisível, parte de uma teia universal que sustenta a criação. Esse entendimento ensina ao praticante que seus pensamentos, ações e intenções afetam o todo, promovendo uma visão de vida mais compassiva e altruísta. Miguel inspira o praticante a viver em harmonia com o universo, reconhecendo que cada ato de bondade e amor contribui para o equilíbrio e a paz coletivos.

Para aprofundar a compreensão desses ensinamentos, o praticante pode meditar com cristais como a selenita e a labradorita, que promovem a expansão da consciência e auxiliam no contato com as dimensões espirituais. Durante a meditação, ele pode segurar um desses cristais, pedindo que Miguel o guie para acessar uma visão mais ampla da vida e do universo. Esses cristais ajudam a elevar a vibração do praticante, permitindo que ele receba os ensinamentos de Miguel com mais clareza e sensibilidade.

A prática do silêncio meditativo é outra técnica que facilita a assimilação dos mistérios transmitidos por Miguel. Em estado de silêncio e receptividade, o praticante simplesmente observa seus pensamentos e sentimentos, permitindo que a sabedoria de Miguel se manifeste de maneira sutil. Esse silêncio é um canal direto para a verdade, onde a compreensão surge não através das palavras, mas por uma sensação de paz e certeza interior. Ao se abrir para esse espaço, o praticante permite que os ensinamentos de Miguel toquem sua alma em um nível profundo e transformador.

Para honrar e aplicar os ensinamentos esotéricos de Miguel, o praticante deve dedicar-se a viver com integridade e autenticidade. Cada lição recebida deve ser integrada ao seu cotidiano, seja através de atitudes compassivas, da busca pela verdade ou da prática de autotransformação. Miguel ensina que o conhecimento espiritual é uma responsabilidade que deve ser honrada e manifestada em ações concretas, beneficiando tanto o praticante quanto aqueles ao seu redor.

Ao final de cada prática ou meditação, a gratidão é essencial para fortalecer o vínculo com Miguel e para honrar o conhecimento recebido. O praticante dedica alguns momentos para agradecer ao arcanjo, dizendo: "Gratidão, Arcanjo Miguel, por tua sabedoria e por me revelar os mistérios da alma. Que eu possa viver com verdade e luz, honrando os ensinamentos que recebi." Esse agradecimento sela a prática e reforça o compromisso do praticante com o aprendizado e a aplicação das lições recebidas.

Com o tempo, o acesso aos ensinamentos esotéricos de Miguel transforma o praticante, que passa a ver o mundo com mais clareza e profundidade, compreendendo a vida como um campo de aprendizado constante. Ele percebe que o verdadeiro mistério está na capacidade de transformar a si mesmo e de viver em harmonia com as leis universais. Miguel, como mestre e guardião dos mistérios, acompanha o praticante em cada passo dessa jornada, revelando que a busca pelo conhecimento é, na verdade, a busca por sua própria essência divina.

Capítulo 35
Legado e Herança Espiritual

O legado espiritual do Arcanjo Miguel é um testemunho vivo de coragem, amor e justiça, transmitido através dos tempos para iluminar e proteger aqueles que buscam uma conexão mais profunda com o divino. Honrar e perpetuar esse legado não significa apenas recordar o passado, mas vivê-lo no presente, permitindo que a essência de Miguel inspire cada ação, pensamento e intenção. Essa herança espiritual transcende gerações e culturas, ecoando a mensagem de que todos podem se tornar portadores da luz e defensores da verdade, assim como Miguel.

Para o praticante, entender e vivenciar o legado de Miguel é um chamado à responsabilidade espiritual e ao serviço altruísta. Esse compromisso não envolve apenas rituais e orações, mas também o cultivo das qualidades essenciais que Miguel representa, como coragem, integridade e compaixão. À medida que o praticante incorpora essas qualidades, ele se torna uma expressão viva do legado de Miguel, uma ponte entre o divino e o mundo terreno.

Um primeiro passo para honrar esse legado é realizar uma reflexão sobre a herança espiritual que Miguel representa. O praticante pode reservar um momento de introspecção, meditando sobre as qualidades e os valores de Miguel e refletindo sobre como pode incorporá-los em sua própria vida. Criar um altar simples, com uma vela azul e cristais como a ametista ou o quartzo transparente, ajuda a sintonizar-se com essa energia e a conectar-se mais profundamente com o propósito de viver como guardião da luz, inspirado pelo exemplo de Miguel.

Durante essa prática, o praticante pode fazer uma invocação, pedindo a Miguel que o ajude a entender e a manifestar seu legado. Uma invocação significativa para esse propósito pode ser: "Arcanjo Miguel, guardião da verdade e da justiça, peço tua força e tua sabedoria para viver de acordo com tua luz. Que eu possa honrar teu legado em cada ação e pensamento, tornando-me um canal de tua paz e tua proteção." Essa invocação reforça o compromisso de honrar o legado de Miguel em cada aspecto da vida, estabelecendo um vínculo que transcende as palavras e se expressa em ações concretas.

Para integrar esse legado espiritual no cotidiano, o praticante pode dedicar-se a pequenos atos de compaixão e proteção. Miguel ensina que cada gesto de bondade, cada palavra de apoio e cada defesa da verdade contribuem para o bem-estar coletivo. O praticante, ao se comprometer com a prática diária de integridade e compaixão, torna-se um canal para o amor e a proteção que Miguel representa. Assim, ele começa a ver sua própria vida como uma extensão da missão de Miguel, um reflexo do trabalho espiritual contínuo que ele realiza.

A prática da visualização é uma maneira poderosa de reforçar essa herança espiritual. O praticante pode visualizar-se envolvido pela luz azul de Miguel, uma energia protetora e inspiradora que o orienta e o fortalece. Durante essa visualização, ele imagina que essa luz preenche seu corpo, seu coração e sua mente, despertando as qualidades que ele deseja manifestar. Ao final, ele sente-se renovado e amparado, pronto para continuar a jornada de honrar o legado de Miguel em sua própria vida.

Outro aspecto importante do legado de Miguel é o trabalho de transmissão desse conhecimento e energia às gerações futuras. O praticante pode se tornar um mensageiro desse legado, compartilhando os ensinamentos de Miguel com familiares, amigos ou em sua comunidade. Esse compartilhamento não precisa ser formal; basta viver com autenticidade, sendo um exemplo de paz, força e compaixão, para que aqueles ao seu redor percebam e sintam a influência transformadora da presença de Miguel.

Para os que desejam ensinar sobre Miguel de maneira mais estruturada, a prática da oração e da instrução espiritual pode ser uma forma de passar adiante esse legado. O praticante pode realizar reuniões, meditações ou grupos de estudos onde as pessoas se reúnem para aprender sobre Miguel e sobre os valores espirituais que ele representa. Nesses encontros, os participantes são incentivados a explorar as práticas de proteção, coragem e compaixão, fortalecendo-se como uma comunidade unida pela mesma intenção de viver e preservar o legado de Miguel.

O uso de símbolos de Miguel, como a espada e a chama azul, são maneiras de reforçar a herança espiritual do arcanjo no cotidiano. O praticante pode utilizar uma medalha ou uma imagem de Miguel como símbolo de proteção e inspiração. Esses símbolos são lembretes tangíveis da presença de Miguel e de seu legado, ajudando o praticante a manter-se focado e comprometido com a missão de viver em harmonia com o propósito divino. Sempre que o praticante observar ou tocar esses símbolos, ele é lembrado de sua própria capacidade de agir com coragem e amor.

A prática de gratidão também é uma forma de honrar e perpetuar o legado de Miguel. Ao final de cada dia, o praticante dedica alguns minutos para agradecer a Miguel por sua presença e proteção, dizendo: "Gratidão, Arcanjo Miguel, por tua luz em minha vida. Que eu continue a honrar teu legado, vivendo com verdade e compaixão." Esse momento de gratidão sela o compromisso do praticante com o arcanjo, reforçando sua conexão com o legado espiritual e mantendo viva a intenção de transmitir essa luz às futuras gerações.

Com o tempo, ao se dedicar a essa jornada de viver o legado de Miguel, o praticante percebe uma transformação interior. Ele se torna mais forte, mais compassivo e mais capaz de enfrentar os desafios com serenidade e coragem. Essa transformação reflete o poder do legado de Miguel, que não só protege, mas também inspira uma evolução espiritual que transcende o indivíduo e se espalha para aqueles ao seu redor.

O legado de Miguel, honrado e perpetuado pelo praticante, transforma-se em uma herança espiritual que atravessa gerações.

Cada gesto, cada pensamento e cada ação realizados com a intenção de viver conforme os ensinamentos de Miguel fortalecem a corrente de luz e proteção que ele representa. Essa é a verdadeira essência do legado espiritual: uma herança de amor, coragem e verdade, passada de coração a coração, de alma a alma, até que toda a humanidade se lembre de seu poder divino e de sua conexão com o sagrado.

Capítulo 36
Milagres e Intervenções Divinas

Ao longo dos séculos, o Arcanjo Miguel tem sido associado a milagres e intervenções que demonstram seu poder e compaixão para com a humanidade. Essas manifestações são testemunhos de sua presença protetora e de seu compromisso em auxiliar aqueles que invocam sua ajuda com fé. Conhecer e refletir sobre esses eventos milagrosos permite ao praticante não apenas fortalecer sua fé, mas também compreender que Miguel está sempre presente, disposto a intervir em momentos de necessidade. O reconhecimento desses milagres inspira o praticante a abrir-se para a assistência divina, confiando que, mesmo em tempos difíceis, ele pode contar com a ajuda celestial de Miguel.

Para compreender a natureza das intervenções de Miguel, o praticante deve cultivar uma postura de reverência e abertura. A conexão com os milagres de Miguel se dá não apenas pelo conhecimento das histórias e lendas associadas a ele, mas também pela disposição do praticante em reconhecer os sinais e as sincronicidades em sua própria vida. Ao criar um espaço sagrado para refletir sobre essas intervenções, com uma vela azul acesa e incenso de mirra ou olíbano, o praticante eleva sua vibração e permite que a presença de Miguel o envolva com serenidade e proteção.

A prática de meditação sobre milagres e intervenções é uma forma de se sintonizar com a energia milagrosa de Miguel. Sentado em silêncio e com os olhos fechados, o praticante visualiza Miguel ao seu lado, irradiando uma luz azul intensa que envolve todo o seu ser. Ele se permite sentir a paz e a força dessa presença, imaginando que está recebendo a mesma proteção que muitos receberam em momentos de intervenção milagrosa. Durante essa prática, o praticante pode refletir sobre situações em que sentiu uma ajuda inesperada, um livramento ou uma resolução pacífica de um problema, reconhecendo que essas experiências podem ser expressões da intervenção de Miguel.

Para aqueles que desejam aprofundar sua conexão com os milagres de Miguel, a prática de oração é fundamental. O praticante pode fazer uma invocação como: "Arcanjo Miguel, guardião dos milagres e da proteção divina, peço tua ajuda em minha vida. Que tua presença me envolva e que tua luz dissipe qualquer escuridão. Que eu possa testemunhar e reconhecer teus milagres, vivendo com fé e gratidão." Essa oração não é apenas um pedido de ajuda, mas uma abertura para perceber as intervenções divinas que se manifestam de diversas maneiras, muitas vezes de forma sutil.

A técnica de visualização da espada de luz de Miguel é uma prática poderosa para invocar sua intervenção em momentos de necessidade. O praticante visualiza Miguel ao seu lado, segurando uma espada de luz azul, símbolo de sua força e poder. Ele imagina que essa espada corta qualquer energia negativa ou obstáculo em seu caminho, trazendo clareza e proteção. Essa prática de visualização ajuda o praticante a sentir-se protegido e amparado, sabendo que Miguel está intervindo para abrir caminhos e proporcionar segurança.

Os relatos históricos e as lendas sobre Miguel como interventor divino são ricos e inspiradores, desde sua proteção em batalhas até aparições em locais sagrados. O praticante pode refletir sobre esses eventos e considerar como Miguel atuou para proteger comunidades inteiras ou auxiliar pessoas em momentos de extremo perigo. Ao estudar essas histórias, ele se torna mais consciente de que a presença de Miguel é ativa e constante, disponível não apenas em grandes eventos, mas também nas situações cotidianas. Essa percepção encoraja o praticante a buscar a ajuda de Miguel para qualquer questão, grande ou pequena.

A prática de escrever sobre milagres pessoais é uma forma de registrar e reconhecer a intervenção de Miguel em sua própria vida. O praticante pode manter um diário de milagres, onde anota momentos em que sentiu que uma situação foi resolvida de forma inesperada, com proteção e ajuda divina. Ao reler esses relatos, ele fortalece sua fé e sua conexão com Miguel, percebendo que o arcanjo está presente em sua jornada e responde às suas preces. Esse diário se torna um testemunho pessoal da intervenção divina, um lembrete constante de que ele nunca está sozinho.

Para aqueles que buscam uma ajuda especial de Miguel em momentos de dificuldade, a técnica de invocação de emergência é uma prática simples e eficaz. O praticante, em um momento de necessidade imediata, fecha os olhos e, com toda a sinceridade, invoca Miguel, dizendo: "Arcanjo Miguel, preciso de tua ajuda agora. Que tua proteção me envolva e que tua força me ampare." Essa invocação rápida cria uma conexão instantânea com Miguel, permitindo que ele atue diretamente sobre a situação e traga o auxílio necessário.

A prática de gratidão é essencial para reconhecer e honrar os milagres e intervenções de Miguel. Ao final de cada dia, o praticante dedica alguns minutos para agradecer a Miguel, refletindo sobre as pequenas e grandes bênçãos que recebeu. Uma oração de gratidão, como: "Gratidão, Arcanjo Miguel, por tua presença e por cada intervenção em minha vida. Que eu sempre reconheça teus milagres e viva com fé e gratidão," sela o dia com uma vibração positiva e fortalece o vínculo com o arcanjo. Esse ato de gratidão mantém o praticante em uma postura de abertura para novos milagres e intervenções.

Com o tempo, essa prática de reconhecimento e gratidão transforma o praticante, que passa a perceber os milagres de Miguel com mais facilidade e confiança. Ele aprende que as intervenções divinas podem se manifestar de maneiras inesperadas e que, ao confiar na proteção de Miguel, sua vida se torna mais leve e repleta de sentido. A consciência de que pode contar com Miguel nos momentos de necessidade gera uma sensação de paz e segurança, permitindo que ele enfrente os desafios com coragem e serenidade.

Miguel, como mensageiro e interventor divino, é um lembrete de que o poder do divino está sempre ao alcance de quem busca com fé e devoção. Os milagres e intervenções são expressões dessa proximidade espiritual, testemunhos de que o praticante, ao se abrir para o auxílio de Miguel, acessa uma fonte inesgotável de proteção e amor. Ao reconhecer esses milagres e viver com gratidão, ele se torna parte desse legado de fé, levando consigo a certeza de que, onde quer que esteja, Miguel estará sempre ao seu lado, pronto para intervir e protegê-lo em sua jornada.

Capítulo 37
Harmonização Cósmica com Miguel

A harmonização cósmica é um processo profundo de alinhamento com as forças universais, onde o praticante se sintoniza com os ciclos e energias cósmicas, permitindo que a presença do Arcanjo Miguel o guie em uma jornada de equilíbrio e conexão com o todo. Essa prática envolve uma abertura para o movimento dos astros, das estações e dos ritmos naturais que permeiam a criação. Ao harmonizar-se com essas forças, o praticante encontra maior paz e clareza, compreendendo que é parte de um universo vasto e interconectado, onde a proteção e orientação de Miguel são elementos fundamentais para seu bem-estar e crescimento espiritual.

Para começar a explorar essa harmonização cósmica com Miguel, o praticante deve primeiramente criar um espaço onde possa se conectar com os ritmos universais. Este ambiente pode ser decorado com elementos da natureza — como cristais, plantas, água e incenso de lavanda ou sálvia — que simbolizam a conexão com o planeta e com o cosmos. Uma vela azul acesa no centro do espaço representa a presença de Miguel, cuja luz protege e guia o praticante em seu processo de alinhamento.

A invocação inicial de Miguel é um passo essencial para se abrir à harmonização cósmica. O praticante pode começar com uma oração simples e sincera: "Arcanjo Miguel, guardião das estrelas e protetor do universo, que tua presença me ajude a encontrar equilíbrio e harmonia com os ciclos cósmicos. Que eu possa sintonizar minha vida com o ritmo universal, vivendo com paz e clareza." Essa invocação estabelece a intenção de conectar-se às energias maiores e abre um canal para a orientação e proteção de Miguel durante todo o processo de harmonização.

A prática de meditação sobre os ciclos lunares é uma das maneiras mais eficazes de se alinhar com as forças cósmicas. Cada fase da lua possui uma energia única — desde a renovação da lua nova até a culminação da lua cheia e a introspecção da lua minguante. O praticante, ao meditar em cada uma dessas fases, pode pedir a Miguel que o ajude a compreender e aproveitar essas energias em sua vida. Durante a lua nova, ele pode estabelecer intenções com a ajuda de Miguel, plantando sementes de novos começos. Na lua cheia, ele pode celebrar realizações e agradecer pela proteção de Miguel, enquanto na lua minguante, pode se concentrar em liberar o que não lhe serve mais, pedindo a Miguel que o ampare nesse processo de desapego e renovação.

Outro aspecto importante da harmonização cósmica é o alinhamento com os solstícios e equinócios, que marcam as transições sazonais. Cada uma dessas datas carrega uma energia de mudança e renovação, e são momentos poderosos para se conectar com Miguel. No equinócio de primavera, por exemplo, o praticante pode invocar Miguel para ajudá-lo a plantar novas intenções de crescimento. No solstício de inverno, ele pode pedir a Miguel que ilumine seu caminho, trazendo clareza e proteção enquanto ele se volta para dentro, refletindo sobre seu propósito e direção espiritual.

A visualização dos ciclos astrológicos e dos movimentos dos planetas é uma técnica que ajuda o praticante a harmonizar-se com as influências cósmicas que o afetam diretamente. Ao fechar os olhos, ele pode visualizar os planetas e as constelações ao seu redor, como uma dança celestial que guia seu destino. Durante essa visualização, ele pode imaginar que Miguel está ao seu lado, ajudando-o a interpretar e equilibrar essas energias, compreendendo que cada movimento celestial traz consigo uma oportunidade de aprendizado e evolução.

A prática de meditação com cristais específicos para alinhamento cósmico é uma ferramenta poderosa para intensificar a harmonização com o universo. Cristais como a labradorita, a selenita e o quartzo transparente são ideais para essa prática, pois ampliam a percepção e facilitam a conexão com os planos superiores. O praticante pode segurar um desses cristais durante a meditação, pedindo a Miguel que o ajude a alinhar-se com as energias cósmicas e a compreender seu papel no universo. Esses cristais funcionam como âncoras de luz, ajudando a manter o equilíbrio e a harmonia mesmo quando as energias ao redor estão em constante transformação.

A técnica de respiração consciente, sincronizada com o ritmo dos ciclos naturais, é uma maneira prática de reforçar a harmonização cósmica. O praticante pode inspirar e expirar de maneira lenta e profunda, visualizando que está absorvendo a energia cósmica com cada inspiração e liberando qualquer tensão com cada expiração. Essa prática de respiração, acompanhada pela visualização da luz azul de Miguel, ajuda o praticante a sentir-se conectado com o universo e protegido pelo arcanjo, independente das mudanças e desafios que surgirem.

Para os que desejam aprofundar essa harmonização, a prática de registro dos ciclos pessoais em um diário cósmico é altamente recomendada. O praticante pode registrar como cada fase lunar, estação do ano ou movimento planetário afeta sua energia, suas emoções e sua intuição. Esse registro, acompanhado pela reflexão e pelas orações a Miguel, permite ao praticante perceber padrões em sua vida e entender como se alinhar melhor com esses ciclos. Esse diário se torna um guia pessoal de autoconhecimento e crescimento, uma ferramenta de aprendizado contínuo e de harmonização com o cosmos.

Ao final de cada prática de harmonização cósmica, o praticante dedica um momento para agradecer a Miguel por sua presença e por guiá-lo nesse processo de alinhamento. Uma oração de gratidão, como: "Gratidão, Arcanjo Miguel, por tua luz que me guia e por tua presença que me protege. Que eu continue a viver em harmonia com o universo, confiando na sabedoria dos ciclos e na tua proteção constante," sela a prática com uma vibração de paz e gratidão. Esse encerramento reforça o compromisso do praticante em viver em sintonia com o universo e com a orientação divina.

Com o tempo, o processo de harmonização cósmica com Miguel transforma a vida do praticante, que passa a sentir-se em paz com os ciclos naturais e cósmicos que influenciam seu caminho. Ele aprende a ver as mudanças não como desafios, mas como oportunidades de crescimento e renovação, confiando que Miguel o guiará em cada etapa de sua jornada. Esse alinhamento com o universo desperta uma sensação de unidade e propósito, onde o praticante se percebe como uma parte integral da criação, sempre amparado pela presença de Miguel.

Ao viver em harmonização cósmica com Miguel, o praticante descobre que a vida é uma dança constante entre o movimento dos astros e a estabilidade interna que o arcanjo proporciona. Esse equilíbrio entre o cósmico e o espiritual revela uma verdade profunda: que ele é uma expressão viva do universo, capaz de transformar e de crescer a cada ciclo, sempre sob a proteção e o amor de Miguel.

Capítulo 38
Manifestação da Abundância com Miguel

O Arcanjo Miguel, além de ser um guardião da proteção e da verdade, é também um aliado poderoso na manifestação da abundância espiritual e material. A presença de Miguel pode auxiliar o praticante a alinhar suas intenções com o fluxo universal de prosperidade, atraindo recursos e oportunidades que sustentem seu bem-estar e sua missão espiritual. A manifestação da abundância com a ajuda de Miguel não está restrita à aquisição de bens materiais; trata-se de alcançar uma vida plena, onde as necessidades físicas, emocionais e espirituais são atendidas em harmonia com o propósito divino.

Para iniciar essa jornada de manifestação com Miguel, o praticante deve cultivar uma postura de confiança e gratidão, reconhecendo que o fluxo da abundância já está presente no universo. Criar um ambiente sagrado com uma vela azul e um incenso de canela ou mirra — ambos associados à prosperidade e à proteção espiritual — ajuda a estabelecer a energia ideal para o trabalho de manifestação. Ao sintonizar-se com a presença de Miguel, o praticante prepara-se para alinhar suas intenções de abundância com o propósito mais elevado.

A invocação de Miguel para a manifestação da abundância é o primeiro passo para abrir-se a esse fluxo de prosperidade. Uma invocação poderosa pode ser: "Arcanjo Miguel, guardião da abundância divina, peço tua orientação para alinhar minha vida com o fluxo da prosperidade. Que minhas intenções sejam puras e estejam em harmonia com o bem maior. Que tua presença me guie e que tua luz atraia para mim tudo o que necessito para viver em plenitude." Essa invocação abre um canal de conexão com

Miguel, criando um elo que permite que o praticante receba orientação e proteção em seus objetivos de manifestação.

A técnica de visualização é uma ferramenta fundamental para manifestar a abundância com a ajuda de Miguel. O praticante, em um estado de tranquilidade, fecha os olhos e visualiza uma luz azul brilhante ao seu redor, simbolizando a presença de Miguel. Ele imagina que essa luz o envolve e o conecta com o fluxo de abundância universal, como se Miguel estivesse guiando cada passo para alcançar seus objetivos. Durante a visualização, o praticante vê claramente os recursos, oportunidades e situações que deseja manifestar, sempre com a intenção de que esses desejos sejam para seu bem maior e o bem de todos ao seu redor.

Outra prática poderosa para a manifestação da abundância é a escrita de intenções. O praticante pode escrever suas metas e desejos em um caderno especial, formulando-os com clareza e positividade. Ele pode incluir afirmações como: "Eu recebo com gratidão tudo o que necessito para viver em paz, harmonia e prosperidade," ou "Estou alinhado com o fluxo de abundância do universo, guiado e protegido por Miguel." Escrever essas intenções é uma forma de ancorá-las no plano material, transformando-as em sementes que serão nutridas pela luz de Miguel e pelo próprio compromisso do praticante em viver com propósito e integridade.

A prática de visualização com a espada de luz de Miguel é outra maneira de remover bloqueios e abrir-se ao fluxo de abundância. O praticante imagina que Miguel está ao seu lado, segurando uma espada de luz azul que corta qualquer energia negativa ou crença limitante que possa impedir a manifestação da prosperidade. Ele visualiza Miguel utilizando essa espada para liberar os obstáculos, criando um caminho livre para que a abundância flua em sua vida. Essa prática fortalece a confiança do praticante e o ajuda a se livrar de pensamentos e sentimentos de escassez ou dúvida.

Para aqueles que desejam uma conexão mais profunda com o fluxo de abundância, a prática de gratidão diária é essencial. A cada dia, o praticante dedica alguns minutos para agradecer por tudo o que já possui, reconhecendo as pequenas e grandes bênçãos que compõem sua vida. Ele pode dizer: "Gratidão, Arcanjo Miguel, por tudo o que já recebi e por tudo o que virá. Que eu possa honrar e compartilhar essa abundância com sabedoria e amor." Esse momento de gratidão mantém o praticante sintonizado com a prosperidade e reforça seu compromisso de viver em harmonia com o universo.

Os cristais de abundância, como a citrino e a pirita, são excelentes aliados no processo de manifestação. O praticante pode manter esses cristais próximos durante suas práticas de visualização ou colocá-los em seu altar. A citrino, por exemplo, é conhecida como a "pedra da prosperidade" e ajuda a atrair riqueza e energia positiva, enquanto a pirita reforça a confiança e a clareza nas intenções de abundância. Esses cristais, ao serem consagrados com a luz de Miguel, tornam-se canais que amplificam o fluxo de prosperidade e fortalecem o compromisso do praticante com seus objetivos.

A técnica de respiração consciente também pode auxiliar no processo de manifestação, permitindo que o praticante se sintonize com o ritmo do universo. Durante essa prática, ele inspira profundamente, sentindo que está absorvendo a luz azul de Miguel e a energia de abundância que flui no cosmos. Ao expirar, ele visualiza qualquer pensamento de escassez sendo liberado, criando espaço para que o fluxo de prosperidade entre em sua vida. Essa respiração consciente ajuda a manter a mente e o coração abertos para receber as bênçãos que Miguel está preparando.

A oração de alinhamento com o propósito maior é uma prática final e crucial para garantir que a abundância manifestada esteja em harmonia com o bem maior. O praticante pode orar, pedindo: "Arcanjo Miguel, que toda a abundância em minha vida esteja a serviço do propósito divino e do bem maior. Que eu seja um canal de prosperidade e amor, ajudando a trazer luz e paz a todos ao meu redor." Essa oração expressa a intenção de que sua abundância seja um reflexo do propósito espiritual, permitindo que o praticante use seus recursos para beneficiar a si mesmo e aos outros.

Com o tempo, o praticante percebe que a manifestação da abundância com Miguel não é apenas a conquista de recursos materiais, mas também o desenvolvimento de uma consciência de prosperidade. Ele aprende a confiar no fluxo do universo, a reconhecer suas necessidades e a estar em sintonia com o propósito mais elevado. Miguel o guia para compreender que a verdadeira abundância é um estado de paz, gratidão e plenitude, onde cada bênção recebida é uma oportunidade para viver com mais alegria e propósito.

Esse processo de manifestação transforma o praticante, que passa a enxergar a vida como uma dança constante entre dar e receber, onde cada momento é uma oportunidade para expressar gratidão e compartilhar a prosperidade. Com Miguel ao seu lado, ele sente-se confiante e protegido, sabendo que sempre terá o necessário para crescer e realizar seu propósito, e que sua jornada é amparada pelo amor e pela luz infinita do arcanjo.

Capítulo 39
Miguel como Guia nas Transições

O Arcanjo Miguel é um guia poderoso para momentos de transição, sejam eles físicos, emocionais ou espirituais. Em tempos de mudança, quando a incerteza e o medo podem surgir, Miguel oferece sua presença forte e reconfortante, ajudando o praticante a atravessar as fases de sua jornada com coragem e serenidade. A energia de Miguel ilumina o caminho durante as transformações inevitáveis da vida, proporcionando clareza e força para que o praticante se adapte e cresça em cada novo começo.

Ao preparar-se para uma transição, o praticante deve criar um espaço sagrado onde possa conectar-se com Miguel, pedindo sua proteção e orientação. Ele pode acender uma vela azul, símbolo da luz de Miguel, e colocar um cristal de quartzo ou uma ametista em seu altar. Esses elementos, representando proteção e clareza, ajudam a estabelecer um ambiente acolhedor e seguro, onde o praticante pode refletir sobre o processo de mudança e abrir-se à presença do arcanjo.

A prática de invocação para as transições é um primeiro passo essencial para atrair o apoio de Miguel durante os momentos de mudança. O praticante pode recitar uma oração simples e sincera, como: "Arcanjo Miguel, guia e protetor, que tua luz me conduza neste momento de transição. Que eu encontre clareza e paz em cada passo, e que tua força me ajude a aceitar as mudanças com confiança e coragem." Essa invocação estabelece uma conexão com Miguel, criando um campo de proteção que o praticante pode acessar sempre que precisar de orientação e amparo durante a transição.

A técnica de visualização é uma ferramenta poderosa para se alinhar com Miguel nas fases de transformação. O praticante, em um estado de tranquilidade, fecha os olhos e visualiza Miguel ao seu lado, irradiando uma luz azul intensa que envolve seu corpo e seu campo energético. Ele imagina que essa luz se expande, criando um caminho seguro à sua frente, onde cada passo é iluminado e protegido por Miguel. Durante a visualização, o praticante sente que está sendo guiado com segurança, independentemente dos desafios ou incertezas que a transição possa trazer.

Para aqueles que enfrentam transições desafiadoras, a técnica de liberação é uma prática eficaz para desapegar-se de situações, sentimentos ou relacionamentos que precisam ser deixados para trás. O praticante pode escrever em um papel os aspectos de sua vida que está pronto para liberar e, após refletir sobre cada um, ele queima o papel como um ato simbólico de entrega e desapego. Durante essa prática, ele pode pedir a Miguel que o ajude a cortar os laços que o prendem ao passado, liberando espaço para o novo. Miguel, com sua espada de luz, age como um liberador, ajudando o praticante a se desapegar do que não lhe serve mais.

A prática de gratidão é também fundamental durante as transições, pois permite que o praticante reconheça as bênçãos que cada fase da vida trouxe, mesmo quando a mudança é difícil. Ao refletir sobre os momentos de aprendizado e crescimento do passado, ele pode recitar uma oração de agradecimento, como: "Gratidão, Arcanjo Miguel, por estar ao meu lado em cada fase de minha vida. Que eu aprenda a ver as bênçãos em cada mudança e a confiar no processo divino de renovação." Esse reconhecimento do passado, acompanhado pela confiança em Miguel, facilita a aceitação e a coragem para seguir adiante.

Para fortalecer sua capacidade de lidar com as transições, o praticante pode utilizar a técnica de afirmações positivas. Afirmações como: "Estou em paz com as mudanças em minha vida," ou "Miguel me guia e protege em cada nova fase," ajudam a cultivar uma mentalidade de aceitação e segurança. Essas afirmações, repetidas diariamente, reforçam o compromisso do praticante em enfrentar as transições com uma atitude positiva e receptiva, sabendo que está amparado pela presença de Miguel.

Os cristais de apoio, como a turmalina negra para proteção e a selenita para purificação, podem intensificar a energia de estabilidade e clareza durante as transições. O praticante pode manter esses cristais próximos de si ou colocá-los em seu altar durante a prática de visualização e oração. Eles ajudam a ancorar as intenções de proteção e renovação, permitindo que a energia de Miguel flua com mais intensidade e proporcionando ao praticante uma sensação de estabilidade em meio à mudança.

A prática de respiração consciente é uma maneira simples e eficaz de equilibrar-se emocionalmente durante momentos de transição. Ao inspirar profundamente, o praticante imagina que está absorvendo a energia calma e protetora de Miguel, e ao expirar, ele visualiza qualquer medo ou tensão sendo liberado. Essa respiração intencional ajuda a manter a mente e o corpo relaxados, prontos para aceitar as mudanças com serenidade. Miguel, como um guia espiritual, acompanha o praticante em cada respiração, reforçando sua confiança para enfrentar o desconhecido.

A oração final de entrega é uma prática poderosa para fechar cada etapa de transição com confiança e paz. O praticante pode orar, pedindo: "Arcanjo Miguel, entrego-te meu caminho e minhas intenções. Que tua luz me guie e que minha vida esteja em harmonia com o propósito divino. Que eu possa aceitar as mudanças com um coração tranquilo, confiando que estou sempre amparado pela tua presença." Essa oração de entrega fortalece o vínculo com Miguel e permite que o praticante siga em frente, confiante de que o arcanjo está cuidando de cada detalhe da nova fase que se abre.

Ao longo do tempo, com o auxílio de Miguel, o praticante aprende que as transições não são obstáculos, mas oportunidades de crescimento e renovação. Ele percebe que cada mudança, mesmo quando desafiadora, traz uma chance de alinhar-se com seu propósito e de evoluir espiritualmente. Miguel, como guia e protetor, está presente em cada fase, ajudando o praticante a atravessar os momentos de incerteza com confiança e coragem.

    Esse processo de confiar em Miguel durante as transições ensina ao praticante o valor da flexibilidade e da fé. Ele aprende que cada transformação é uma passagem para algo maior e que, ao se entregar ao fluxo natural da vida, ele se aproxima de seu verdadeiro eu e do propósito divino. Miguel, como guardião das mudanças, acompanha-o em cada passo, até que o praticante encontre paz e harmonia em sua jornada contínua de evolução.

Capítulo 40
Conexão Multidimensional com Miguel

O Arcanjo Miguel é uma presença vasta e poderosa que transcende o plano físico, atuando em múltiplas dimensões e frequências. Estabelecer uma conexão multidimensional com Miguel permite ao praticante acessar níveis profundos de sabedoria e proteção que vão além da realidade comum, expandindo sua percepção espiritual e abrindo portas para experiências enriquecedoras. A conexão multidimensional é uma jornada de autodescoberta e integração, onde o praticante explora aspectos de si mesmo em outras realidades e encontra, através de Miguel, um apoio seguro para navegar por essas camadas sutis da existência.

Para iniciar essa conexão, o praticante deve preparar-se, criando um espaço sagrado onde possa se concentrar e relaxar profundamente. Em seu altar, ele pode colocar uma vela azul, cristais como a labradorita ou a selenita e um incenso de mirra, elementos que facilitam a expansão da consciência e a abertura para outras dimensões. Esse ambiente sagrado ajuda a elevar a vibração do praticante, sintonizando-o com a presença de Miguel e com as frequências espirituais superiores.

Uma invocação inicial é fundamental para estabelecer a intenção de conexão multidimensional e garantir a proteção de Miguel durante a prática. O praticante pode recitar uma oração como: "Arcanjo Miguel, guardião das dimensões e portador da luz divina, abro meu coração e minha mente para tua presença. Que tua luz azul me envolva e proteja enquanto exploro as dimensões do espírito. Que eu seja guiado com clareza e sabedoria, e que minha jornada seja segura sob tua guarda." Essa invocação cria uma âncora que mantém o praticante conectado a Miguel e garante sua proteção durante o processo de expansão espiritual.

A prática de visualização é um dos métodos mais eficazes para acessar as frequências multidimensionais com a ajuda de Miguel. Em estado de meditação, o praticante visualiza uma espiral de luz azul descendo dos céus e envolvendo seu corpo, elevando sua vibração e criando uma ponte entre o plano físico e os reinos sutis. Ele imagina que Miguel está ao seu lado, guiando-o pela espiral de luz e permitindo que ele explore dimensões superiores, onde pode acessar novas perspectivas e insights. Durante a visualização, o praticante sente-se ancorado pela presença de Miguel, sabendo que está seguro e protegido em sua jornada.

Outro aspecto fundamental da conexão multidimensional com Miguel é o alinhamento dos chakras, que ajuda o praticante a harmonizar seu corpo energético e a prepará-lo para a expansão de consciência. O praticante pode visualizar cada chakra sendo purificado e iluminado pela luz azul de Miguel, desde o chakra raiz até o chakra da coroa. Esse alinhamento cria um fluxo de energia suave e equilibrado, permitindo que o praticante explore as dimensões com uma base estável e receptiva. Miguel age como um mediador, guiando a energia através dos chakras e ajudando o praticante a acessar níveis mais elevados de percepção e clareza.

Para aqueles que desejam uma experiência mais profunda, a prática de projeção de consciência é uma técnica avançada que pode ser realizada com a ajuda de Miguel. O praticante, em um estado de relaxamento profundo, imagina que sua consciência se descola do corpo físico e se eleva, acompanhada por Miguel. Ele visualiza que está se movendo através das camadas da existência, passando por dimensões de luz, até chegar a um plano onde Miguel se comunica diretamente com ele. Nessa projeção, o praticante pode receber mensagens e insights sobre sua vida, sua missão e os mistérios do universo. Miguel age como um guardião, assegurando que o praticante explore esses reinos com confiança e segurança.

Para interpretar as experiências e os insights obtidos durante a conexão multidimensional, o praticante pode manter um diário onde registra suas percepções e reflexões. Esse diário se torna um mapa de sua jornada espiritual, onde ele pode observar padrões, mensagens recorrentes e aprendizados que surgem de suas experiências. Ao reler essas anotações, ele ganha clareza sobre o impacto de Miguel em sua vida e sobre o progresso de sua evolução espiritual, percebendo que cada experiência é uma peça importante na construção de seu entendimento do divino.

A técnica de gratidão é uma prática final que sela cada conexão multidimensional com Miguel, ajudando o praticante a ancorar as energias e os insights que recebeu. Ao final da prática, ele dedica alguns minutos para agradecer, dizendo: "Gratidão, Arcanjo Miguel, por tua presença e por me guiar através das dimensões. Que a sabedoria e a paz que recebi permaneçam em meu coração, ajudando-me a viver com mais amor e compreensão." Essa expressão de gratidão encerra a prática com uma vibração positiva, ajudando o praticante a manter-se centrado e a integrar o que experimentou.

Com o tempo, o praticante descobre que a conexão multidimensional com Miguel transforma sua visão da realidade. Ele percebe que é parte de um universo vasto e interconectado, onde o apoio e a orientação de Miguel estão sempre ao seu alcance. Essa percepção expande seu entendimento sobre si mesmo e sobre sua jornada, proporcionando-lhe uma sensação de paz e confiança ao saber que, onde quer que esteja, Miguel estará sempre ao seu lado, guiando-o pelas dimensões e iluminando seu caminho com sabedoria.

Ao explorar esses reinos sutis com a orientação de Miguel, o praticante aprende a viver com mais plenitude, reconhecendo a beleza e a profundidade da vida em todas as suas facetas. A conexão multidimensional não apenas expande sua percepção espiritual, mas também o ajuda a perceber que ele é uma expressão do divino, em comunhão constante com o universo e com a luz protetora de Miguel.

Capítulo 41
Trabalho com Anjos Elementais

O Arcanjo Miguel, além de ser o protetor e guia dos planos superiores, atua em colaboração com forças elementais — energias primordiais que representam a essência da natureza. Esses anjos elementais são guardiões das energias da Terra, da Água, do Fogo e do Ar, e trabalhar em sintonia com eles, sob a orientação de Miguel, permite ao praticante cultivar um vínculo mais profundo com a natureza e com as forças que sustentam a vida. Essa parceria entre Miguel e os anjos elementais oferece ao praticante a chance de harmonizar-se com o mundo natural e de contribuir para a cura e a preservação do planeta.

Para iniciar o trabalho com os anjos elementais, o praticante deve criar um espaço sagrado que represente cada um dos elementos. Ele pode organizar seu altar com símbolos de cada força: uma pedra ou cristal para a Terra, uma taça com água pura, uma vela para o Fogo e uma pena ou incenso para o Ar. A vela azul representa Miguel, cuja presença protetora unifica as forças e guia o praticante. Esse altar torna-se o ponto de conexão com as energias elementares, criando uma atmosfera de respeito e reverência pela vida e pela natureza.

O praticante pode começar com uma invocação para Miguel e os anjos elementais, pedindo sua proteção e orientação para trabalhar em harmonia com cada elemento. Ele pode recitar: "Arcanjo Miguel, guia divino e protetor, e anjos da Terra, da Água, do Fogo e do Ar, peço vossa presença e vosso apoio. Que eu possa aprender e colaborar com cada um de vós para a cura c proteção do planeta. Que minha conexão com a natureza seja profunda e respeitosa, e que minha vida esteja em harmonia com os elementos." Essa invocação abre um canal de comunicação e estabelece a intenção de trabalhar em conjunto para o bem maior.

A prática de meditação com cada elemento é uma maneira eficaz de sintonizar-se com as forças naturais, reconhecendo-as como manifestações divinas. O praticante pode começar meditando sobre a Terra, visualizando que está em uma floresta, sentindo a energia do solo e das raízes, e pedindo ao anjo da Terra que o ajude a cultivar estabilidade, resiliência e conexão com o mundo físico. Em seguida, ele se volta para a Água, visualizando rios, mares e lagos, e pedindo ao anjo da Água que o auxilie a purificar emoções e a desenvolver compaixão e flexibilidade.

Ao trabalhar com o Fogo, o praticante visualiza a chama ardente que simboliza a força e a transformação, pedindo ao anjo do Fogo que o ajude a transmutar qualquer bloqueio e a despertar a coragem e a paixão. Por fim, ao conectar-se com o Ar, ele imagina o vento suave que traz clareza e inspiração, pedindo ao anjo do Ar que o ajude a cultivar a mente aberta, o discernimento e a comunicação. Cada uma dessas meditações fortalece o vínculo do praticante com os elementos e permite que ele absorva suas lições e energias.

A técnica de visualização com a presença de Miguel e dos anjos elementais é uma prática que intensifica a conexão e a proteção do praticante enquanto ele trabalha com as forças naturais. O praticante pode visualizar Miguel ao seu lado, irradiando uma luz azul que envolve todos os elementos em uma aura protetora. Ao mesmo tempo, ele vê os anjos da Terra, da Água, do Fogo e do Ar ao redor de Miguel, cada um representando seu elemento com cores e formas específicas. Essa visualização ajuda o praticante a perceber a harmonia que existe entre as forças naturais e Miguel, integrando essas energias em seu próprio campo espiritual.

Para os que desejam um trabalho prático com os elementos, a prática de oferendas naturais é uma maneira respeitosa de honrar as energias elementares. O praticante pode fazer oferendas simples, como sementes para a Terra, flores ou água pura para a Água, um pequeno ramo de ervas para o Fogo e um incenso natural para o Ar. Durante essa prática, ele pode pedir a Miguel e aos anjos elementais que aceitem suas oferendas como um sinal de respeito e de compromisso com a natureza. Essas oferendas são um gesto de gratidão e de intenção de colaborar com as forças que sustentam o equilíbrio do planeta.

O uso de cristais específicos para cada elemento também amplifica a conexão e a sintonia com os anjos elementais. Para a Terra, o praticante pode utilizar uma turmalina negra ou uma ágata; para a Água, uma ametista ou uma água-marinha; para o Fogo, uma cornalina ou uma pedra-do-sol; e para o Ar, uma sodalita ou um quartzo transparente. Esses cristais são canalizadores das energias elementares e podem ser segurados ou colocados em diferentes áreas do altar enquanto o praticante medita ou realiza invocações. Cada cristal amplifica a energia do elemento correspondente, permitindo que o praticante se aprofunde em seu trabalho espiritual com os anjos elementais.

A prática de respiração consciente com os elementos é uma técnica simples e eficaz para absorver as qualidades de cada força. Inspirando profundamente, o praticante imagina que está absorvendo a energia do elemento que deseja conectar. Por exemplo, ao trabalhar com a Terra, ele sente que está inspirando estabilidade e força; com a Água, a calma e a fluidez; com o Fogo, a vitalidade e a coragem; e com o Ar, a clareza e a inspiração. Esse exercício de respiração intencional ajuda o praticante a incorporar as energias elementares de forma equilibrada e harmoniosa.

A oração final de agradecimento é uma maneira de encerrar cada prática de trabalho com os anjos elementais. O praticante pode dizer: "Gratidão, Arcanjo Miguel e anjos dos elementos, por vossa presença e por vosso apoio. Que minha vida seja uma expressão de harmonia com a Terra, a Água, o Fogo e o Ar, e que eu possa viver em equilíbrio com todas as forças da criação." Essa oração expressa gratidão e reforça o compromisso do praticante em viver de acordo com os princípios de respeito e harmonia com a natureza.

Com o tempo, o trabalho com Miguel e os anjos elementais transforma o praticante, que passa a enxergar a natureza com um olhar mais reverente e a sentir-se em harmonia com o planeta. Ele aprende que cada elemento carrega uma sabedoria própria e que, ao integrá-la em sua vida, ele se torna mais forte, mais resiliente e mais consciente de sua conexão com o todo. Miguel, como guardião e guia, acompanha cada passo dessa jornada, assegurando que o praticante explore e respeite a natureza com sabedoria e gratidão.

Ao cultivar essa parceria com os anjos elementais sob a proteção de Miguel, o praticante descobre que ele não está separado da natureza, mas sim profundamente interligado a todas as formas de vida. Essa integração traz paz, equilíbrio e um compromisso renovado com a preservação e a harmonia do mundo natural.

Capítulo 42
Miguel como Patrono dos Guerreiros

O Arcanjo Miguel é reconhecido como o patrono dos guerreiros espirituais, um defensor da justiça, da verdade e do bem. Em muitas tradições, ele é retratado com uma espada de luz, símbolo de sua força e de sua capacidade de combater as forças da escuridão. Ser um guerreiro sob a proteção de Miguel não significa apenas enfrentar adversidades externas, mas também lutar para superar as sombras internas — medos, dúvidas e padrões destrutivos que impedem o crescimento espiritual. A presença de Miguel como patrono inspira o praticante a adotar uma postura de coragem e integridade, guiando-o para que cada batalha pessoal e espiritual seja travada com honra e propósito.

Para conectar-se a Miguel como patrono dos guerreiros, o praticante deve cultivar uma atitude de força interior e de compromisso com a verdade. Criar um espaço sagrado com uma vela azul e um símbolo de Miguel, como uma imagem ou medalha com sua espada, pode ajudar a concentrar essa energia. Esse espaço não é apenas físico, mas representa um altar interno, onde o praticante estabelece o compromisso de viver com coragem e fidelidade aos princípios espirituais. Ao olhar para a chama da vela, ele visualiza a luz de Miguel que o ilumina e o fortalece.

Uma invocação para Miguel como patrono dos guerreiros é um primeiro passo para buscar sua proteção e orientação nos desafios. O praticante pode recitar: "Arcanjo Miguel, guerreiro da luz e defensor da verdade, peço tua força e tua orientação. Que tua espada corte as ilusões e que tua presença me inspire a viver com honra e integridade. Que eu seja um guerreiro da paz, guiado pela justiça e pelo amor divino." Essa invocação cria uma ligação com Miguel, reforçando a intenção de agir com bravura e determinação em todas as situações da vida.

A prática de visualização da espada de Miguel é uma técnica poderosa para invocar sua proteção e coragem. O praticante, em um estado de tranquilidade, fecha os olhos e imagina que Miguel está ao seu lado, segurando uma espada de luz azul. Ele visualiza que Miguel coloca essa espada em suas mãos, transmitindo-lhe sua força e seu compromisso com a justiça. Durante essa visualização, o praticante sente a energia da espada, que dissipa medos e inseguranças, enchendo-o com a confiança necessária para enfrentar qualquer desafio. Miguel, ao passar-lhe a espada, simboliza a entrega do poder de ser um guerreiro da luz.

A prática de autodefesa espiritual é outra forma de desenvolver a conexão com Miguel como patrono dos guerreiros. O praticante aprende a visualizar uma armadura de luz ao redor de seu corpo, como uma barreira de proteção que o mantém seguro diante de energias densas e influências negativas. Essa armadura é criada com a ajuda de Miguel, cuja luz envolve o praticante e impede que qualquer energia prejudicial o atinja. Com essa armadura, ele sente-se protegido e preparado para enfrentar não apenas os desafios externos, mas também os internos, com força e resiliência.

Para fortalecer a força interior, o praticante pode realizar a técnica de afirmações, declarando suas intenções de coragem e justiça. Afirmações como: "Sou forte e corajoso, guiado pela luz de Miguel" ou "Minha verdade e minha integridade são minhas armas de defesa" ajudam a manter a mente e o coração alinhados com a postura de guerreiro. Essas afirmações, repetidas diariamente, reforçam o compromisso do praticante em agir com retidão e em enfrentar os desafios com determinação, sabendo que Miguel está ao seu lado.

A prática de meditação sobre a justiça é fundamental para desenvolver a compreensão do papel de Miguel como patrono dos guerreiros. Durante essa meditação, o praticante reflete sobre o significado de justiça, não como punição, mas como equilíbrio e verdade. Ele visualiza Miguel como um defensor das causas justas e como um exemplo de integridade. Essa reflexão ajuda o praticante a entender que ser um guerreiro da luz é, antes de tudo, um compromisso com a justiça em sua própria vida, tratando a si mesmo e aos outros com respeito e honestidade.

Os cristais de coragem, como a hematita e a obsidiana, são grandes aliados para aqueles que buscam fortalecer sua conexão com Miguel como patrono dos guerreiros. O praticante pode segurar um desses cristais durante a meditação ou levá-los consigo ao longo do dia como um lembrete de sua força interior. Esses cristais amplificam a energia de proteção e estabilidade, ajudando-o a enfrentar situações difíceis com mais segurança e determinação. Quando consagrados sob a luz de Miguel, esses cristais tornam-se amuletos de proteção e coragem.

A prática de respiração consciente com intenção de força é uma técnica simples que ajuda o praticante a manter a calma e a concentração em momentos de desafio. Inspirando profundamente, ele imagina que está absorvendo a energia protetora e fortalecedora de Miguel. Ao expirar, visualiza que está liberando qualquer tensão, medo ou dúvida. Essa prática de respiração não só fortalece o corpo e a mente, mas também reitera o compromisso do praticante em manter-se firme e centrado, mesmo diante de adversidades.

Ao final de cada prática ou situação de superação, a oração de agradecimento é essencial para honrar a presença de Miguel como patrono dos guerreiros. O praticante dedica um momento para agradecer, dizendo: "Gratidão, Arcanjo Miguel, por tua força e por tua proteção. Que eu continue a trilhar o caminho da verdade e da justiça, honrando tua presença em minha vida." Essa oração finaliza a prática com uma vibração de respeito e gratidão, reafirmando o compromisso do praticante com o caminho de honra e integridade.

Com o tempo, o praticante aprende que ser um guerreiro sob a proteção de Miguel é mais do que enfrentar adversidades; é viver com uma postura de justiça, verdade e compaixão. Ele percebe que cada desafio é uma oportunidade de crescer, de fortalecer seu espírito e de agir com coragem e equilíbrio. Miguel, como patrono e guia, inspira o praticante a enfrentar a vida com coragem e a se tornar um verdadeiro guerreiro da luz, movido não pela luta, mas pelo desejo de proteger e servir ao bem maior.

    Ao caminhar com Miguel, o praticante descobre que a verdadeira força está no coração, no amor e na justiça. Ele compreende que a batalha mais importante é aquela que acontece internamente, onde ele aprende a conquistar sua própria paz, sua verdade e seu equilíbrio. Miguel, como patrono dos guerreiros, estará sempre ao seu lado, guiando-o e protegendo-o em sua jornada, até que ele se torne um símbolo vivo de coragem e compaixão.

Capítulo 43
Conexão Familiar com Miguel

A presença do Arcanjo Miguel transcende o indivíduo, oferecendo proteção, orientação e amor para famílias inteiras. Conectar toda a família com Miguel cria um campo de energia coletiva, onde cada membro se sente amparado e fortalecido. Essa conexão familiar é um meio de trazer paz, harmonia e segurança ao lar, envolvendo todos em um vínculo espiritual de unidade e proteção. Trabalhar com Miguel em um contexto familiar não só fortalece a relação entre os membros, mas também permite que todos compartilhem da energia curativa e protetora do arcanjo, criando um ambiente de paz e bem-estar.

Para iniciar essa conexão familiar com Miguel, o praticante pode preparar um altar em um local especial da casa, onde todos possam reunir-se para momentos de oração ou meditação. Esse altar pode conter uma vela azul, que representa a luz de Miguel, e símbolos ou objetos significativos para cada membro da família, como uma foto ou um item que simbolize a união familiar. Esse espaço sagrado torna-se o ponto de encontro espiritual da família, onde todos podem expressar suas intenções e orações com o apoio de Miguel.

A prática de invocação coletiva é um primeiro passo para que a família se conecte com a presença de Miguel. Todos os membros, reunidos diante do altar, podem recitar uma oração juntos, como: "Arcanjo Miguel, guardião de nossa família, pedimos tua proteção e tua orientação. Que tua luz nos envolva e que tua força nos ajude a viver em harmonia e união. Que cada um de nós seja guiado pelo amor e pela paz que tu representas." Essa invocação fortalece o vínculo entre os membros da família e estabelece a intenção de manter a conexão com Miguel no dia a dia.

Para trazer a energia protetora de Miguel ao lar, o praticante pode realizar um ritual de purificação e proteção do espaço, envolvendo toda a família. Cada membro pode participar, caminhando juntos por cada cômodo, com uma vela acesa ou incenso, e visualizando a luz azul de Miguel preenchendo o ambiente. Essa luz protege e purifica o lar, afastando qualquer energia negativa e criando um campo de paz e segurança. Durante essa prática, cada membro pode pedir que Miguel abençoe e proteja o lar, reforçando a intenção de manter o espaço sagrado e harmonioso.

A técnica de visualização coletiva é uma maneira poderosa de integrar toda a família na presença de Miguel. Todos os membros, sentados em círculo, podem fechar os olhos e visualizar uma luz azul descendo dos céus e envolvendo cada pessoa, criando uma teia de proteção e amor que conecta todos. Eles imaginam que Miguel está no centro, irradiando sua energia e fortalecendo os laços entre eles. Essa visualização não só aproxima cada membro da família, mas também reforça o sentimento de segurança e apoio mútuo, como se cada um estivesse envolvido por uma aura de proteção e amor.

A prática de agradecimento coletivo é essencial para que a família reconheça e valorize a presença de Miguel em suas vidas. Todos podem dedicar um momento para expressar gratidão, dizendo: "Gratidão, Arcanjo Miguel, por tua proteção e por nos guiar em nossa jornada. Que possamos viver com amor e harmonia, sempre unidos e amparados por tua luz." Esse ato de agradecimento reforça a intenção da família de manter-se conectada com Miguel, honrando-o como protetor e guia.

Para cultivar essa conexão de forma prática, o praticante pode propor um ritual de proteção pessoal para cada membro da família. Miguel é um guardião que se adapta às necessidades de cada indivíduo, e ao pedir sua proteção individual, cada pessoa sente-se mais fortalecida. Cada membro pode aprender a realizar uma breve invocação ao longo do dia, sempre que sentir necessidade, dizendo: "Arcanjo Miguel, protege-me e guia-me com tua luz e tua força." Esse hábito reforça a conexão de cada pessoa com o arcanjo, mantendo-o presente em todas as atividades cotidianas.

A prática de bênção dos alimentos é outra maneira simples de envolver toda a família na energia de Miguel. Antes de uma refeição, a família pode fazer uma breve oração, pedindo a Miguel que abençoe os alimentos e que traga saúde e paz para todos. Esse momento de gratidão e bênção fortalece o vínculo familiar e mantém a energia do arcanjo presente em cada momento de partilha. Miguel, como protetor, torna-se também um guardião do bem-estar e da saúde da família.

Para aqueles que desejam reforçar a conexão com Miguel em tempos de desafio, a prática de oração em grupo é uma forma eficaz de pedir sua intervenção. Em momentos de crise ou necessidade, todos os membros da família podem se reunir, segurando as mãos ou se abraçando, e recitar uma oração pedindo força, proteção e clareza. Esse gesto de união fortalece a fé de cada membro e abre um canal para que Miguel intervenha e traga sua luz protetora. A família, unida em oração, sente que Miguel está presente e que sua ajuda se manifesta em cada situação.

Os cristais de harmonia familiar, como a ametista e o quartzo rosa, podem ser colocados no altar ou espalhados pela casa para amplificar a energia de paz e união. A ametista purifica o ambiente, enquanto o quartzo rosa promove o amor e a compreensão. Esses cristais, quando consagrados com a luz de Miguel, tornam-se símbolos de proteção e de harmonia para a família, ajudando a manter o lar em uma vibração elevada e acolhedora.

Ao final de cada prática ou reunião, a família dedica um momento para agradecer a Miguel, reconhecendo sua presença e sua influência no fortalecimento dos laços familiares. Esse gesto de gratidão mantém a energia do arcanjo sempre ativa e ajuda todos a lembrar-se de que, mesmo em tempos de dificuldade, estão amparados e protegidos por Miguel.

Com o tempo, o vínculo da família com Miguel se fortalece, e cada membro aprende a sentir-se parte de algo maior, onde o amor, a proteção e a paz estão sempre presentes. Esse compromisso com Miguel transforma a convivência familiar, tornando o lar um lugar de respeito, compreensão e unidade. A presença do arcanjo como protetor da família é uma fonte constante de força e segurança, que guia cada um no caminho da harmonia e do amor.

Capítulo 44
Rituais Sazonais e Celebrações Especiais

O Arcanjo Miguel é celebrado em datas sagradas e sazonais que permitem ao praticante alinhar-se com as forças da natureza e honrar a presença de Miguel em momentos de transição. Esses rituais sazonais e celebrações especiais são oportunidades para conectar-se à energia de Miguel e ao ciclo natural da vida, renovando intenções e pedindo proteção e orientação para os próximos passos. Cada estação traz consigo uma energia única, e os rituais realizados em datas específicas canalizam essas energias com a ajuda de Miguel, promovendo cura, renovação e equilíbrio.

Para começar a celebrar as datas sazonais em honra a Miguel, o praticante pode criar um altar decorado de acordo com a estação, adicionando elementos naturais, como flores na primavera, folhas no outono, cristais específicos e uma vela azul que simbolize a presença de Miguel. Esse altar é o ponto de encontro entre o praticante, a natureza e o arcanjo, e cada item representa a conexão com o ciclo da vida e a gratidão pela proteção e orientação contínua de Miguel.

Uma das datas mais significativas para a celebração de Miguel é o equinócio de primavera, simbolizando o renascimento e o crescimento. Neste ritual, o praticante pode meditar sobre seus novos objetivos e pedir a Miguel que o ajude a plantar as sementes de suas intenções, cultivando-as com paciência e fé. Ele pode escrever suas intenções em um papel e colocá-lo no altar, visualizando Miguel abençoando cada desejo com sua luz azul.

Essa prática reforça o compromisso com o próprio desenvolvimento e abre o coração para novas possibilidades.

No solstício de verão, Miguel é celebrado como uma presença vibrante e fortalecedora. Esse ritual celebra a plenitude e a vitalidade, sendo uma época ideal para o praticante expressar gratidão pelas bênçãos e conquistas que recebeu ao longo do ano. Durante essa celebração, ele pode acender uma vela azul e oferecer flores ou ervas frescas como símbolo de gratidão e alegria. Com Miguel ao seu lado, ele agradece pela proteção e pelo crescimento, pedindo ao arcanjo que continue a guiá-lo e a iluminá-lo.

O equinócio de outono, por sua vez, é uma época de reflexão e de gratidão pelas colheitas da vida, sejam elas físicas, emocionais ou espirituais. Durante esse ritual, o praticante pode reunir objetos simbólicos, como frutos da estação, e colocá-los no altar como representação de tudo o que foi conquistado e aprendido. Ele agradece a Miguel por cada bênção e, em seguida, reflete sobre o que precisa deixar para trás, visualizando o arcanjo ajudando-o a liberar o que não serve mais ao seu crescimento. Esse momento de desapego e gratidão ajuda o praticante a encerrar ciclos com paz e aceitação.

No solstício de inverno, Miguel é celebrado como uma fonte de luz em meio à escuridão. Esse é um ritual de introspecção, onde o praticante reflete sobre os desafios enfrentados e se volta para dentro em busca de força e clareza. Ele pode acender uma vela azul e meditar sobre suas esperanças para o novo ciclo que se aproxima, pedindo a Miguel que o ilumine e o proteja em sua jornada. Durante essa celebração, o praticante sente que Miguel está ao seu lado, guiando-o com sabedoria e ajudando-o a encontrar a luz interior mesmo nos momentos de escuridão.

Além dos equinócios e solstícios, há outras datas especiais associadas a Miguel, como o dia 29 de setembro, conhecido como o Dia de São Miguel, que é celebrado em várias tradições como um momento de invocação e proteção especial. Nesse dia, o praticante pode realizar um ritual de honra e gratidão, acendendo uma vela azul e recitando uma oração de agradecimento pela presença constante de Miguel. Ele pode pedir uma bênção especial para o próximo ano, visualizando a luz de Miguel envolvendo todos os aspectos de sua vida, protegendo-o e fortalecendo-o em sua missão.

A prática de visualização com Miguel durante essas celebrações é uma forma de intensificar a conexão com o arcanjo. Em cada ritual, o praticante pode fechar os olhos e visualizar que está em um campo de luz azul, onde Miguel aparece diante dele, irradiando energia de paz e força. Essa visualização permite que o praticante sinta a presença de Miguel de forma mais intensa e que receba a proteção e a orientação de que precisa. Ele sente que está se renovando e que cada celebração traz um novo início, alinhado com as energias da natureza e com a luz de Miguel.

Para os que desejam uma conexão mais tangível com as celebrações sazonais, a prática de oferendas naturais é uma forma de honrar a natureza e a presença de Miguel. O praticante pode oferecer flores, ervas, frutos ou sementes durante os rituais, colocando-os no altar como um gesto de gratidão e respeito pelo ciclo da vida. Ao fazer essas oferendas, ele pede a Miguel que aceite sua reverência e que abençoe sua jornada com proteção e abundância. Essas oferendas são uma forma de devolver à Terra uma parte da energia recebida, promovendo um fluxo contínuo de gratidão e conexão com o mundo natural.

A técnica de respiração consciente durante as celebrações é uma prática simples que ajuda o praticante a sintonizar-se com as energias sazonais e com a presença de Miguel. Inspirando profundamente, ele imagina que está absorvendo a energia da estação e a luz protetora de Miguel, e ao expirar, visualiza qualquer bloqueio sendo liberado. Essa prática o ajuda a ancorar-se no momento presente, permitindo que ele absorva as bênçãos da celebração e que se sinta mais conectado ao arcanjo e ao ciclo natural.

A oração de encerramento de cada ritual é um ato de gratidão e de compromisso com a energia de Miguel e com a sabedoria dos ciclos sazonais. O praticante pode dizer: "Gratidão,

Arcanjo Miguel, por tua presença e proteção. Que cada ciclo da natureza me ensine a crescer, renovar e agradecer. Que tua luz esteja sempre comigo, guiando-me e protegendo-me em cada estação da vida." Esse encerramento sela a energia do ritual, reforçando a conexão com Miguel e com a natureza.

Ao longo do tempo, as celebrações sazonais com Miguel transformam a relação do praticante com o mundo natural e com a própria vida. Ele percebe que está em sintonia com os ciclos de nascimento, crescimento, colheita e renovação, e que cada estação traz uma oportunidade de aprender e evoluir. Miguel, como protetor e guia, acompanha-o em cada fase, ajudando-o a alinhar-se com o ritmo do universo e a encontrar paz e equilíbrio em sua jornada.

Esses rituais sazonais e celebrações especiais ensinam ao praticante que a vida é uma dança constante entre o começo e o fim, onde cada ciclo traz uma nova chance de crescer e de conectar-se com o divino. Miguel, como guardião das estações, ilumina e protege o praticante em cada passo, ajudando-o a viver com gratidão e propósito em harmonia com a natureza e com o sagrado.

Capítulo 45
Ensinamentos Arcanos sobre Miguel

O Arcanjo Miguel é um ser de luz que transcende o papel de protetor e guerreiro. Em sua essência, ele é um guia iniciático, guardião de conhecimentos profundos e mistérios espirituais que são revelados apenas àqueles que se comprometem a caminhar com pureza, coragem e sinceridade. Os ensinamentos arcanos de Miguel, que remontam a tempos antigos, convidam o praticante a explorar aspectos ocultos de sua própria alma e a desvendar a sabedoria espiritual que repousa nas profundezas do universo. Com Miguel como mentor, o praticante adentra um caminho de autoconhecimento, aprendizado e transformação.

Para iniciar a exploração dos ensinamentos arcanos de Miguel, o praticante deve preparar-se mental e espiritualmente, criando um ambiente de respeito e reverência. Ele pode acender uma vela azul e organizar cristais como ametista e selenita em seu altar, pedras que auxiliam na expansão da consciência e na elevação espiritual. Esse espaço sagrado é um ponto de encontro, onde o praticante abre sua mente e seu coração para receber os mistérios que Miguel guarda, sempre com o compromisso de utilizar o conhecimento para o bem.

A prática de invocação é essencial para pedir permissão a Miguel para acessar seus ensinamentos profundos. O praticante pode dizer: "Arcanjo Miguel, guardião dos mistérios e da luz oculta, peço tua orientação para compreender as verdades que estão além das aparências. Que minha busca pelo conhecimento seja guiada pela pureza e pela humildade. Conduz-me à sabedoria divina, e que tua luz ilumine cada passo de minha jornada." Essa invocação estabelece a intenção de aprender sob a supervisão de

Miguel e de honrar o conhecimento que será revelado com responsabilidade e gratidão.

Para acessar os ensinamentos arcanos, o praticante pode iniciar com a prática de meditação guiada por Miguel. Durante essa meditação, ele visualiza-se entrando em uma caverna iluminada por uma luz azul suave, representando a entrada para os mistérios espirituais. Ao avançar na caverna, ele encontra Miguel, que o recebe com serenidade e o conduz por esse espaço sagrado. Em cada meditação, Miguel revela ao praticante uma verdade específica ou um símbolo que traz uma mensagem. Esse encontro simbólico permite ao praticante acessar o conhecimento arquetípico e refletir sobre seus significados profundos.

Os ensinamentos de Miguel frequentemente envolvem lições sobre a dualidade, a luz e a sombra, e o equilíbrio que sustenta o universo. Miguel ensina que para conhecer a luz verdadeira, é preciso também reconhecer e transformar a própria escuridão interior. O praticante, com a ajuda de Miguel, pode refletir sobre seus medos, inseguranças e aspectos da personalidade que requerem cura. Miguel age como um espelho compassivo, ajudando o praticante a integrar sua sombra com amor e a transformar suas limitações em aprendizado e força interior.

A prática de visualização da espada de Miguel como um símbolo de sabedoria é um dos métodos que o praticante pode utilizar para absorver os ensinamentos arcanos do arcanjo. Ele imagina a espada de luz de Miguel, não apenas como um instrumento de proteção, mas como uma chave que abre portas para novos conhecimentos. Durante essa visualização, o praticante pede a Miguel que revele as verdades espirituais e que o ajude a enxergar além das ilusões do mundo material. Essa prática o fortalece e amplia sua percepção, permitindo que ele compreenda os significados ocultos e as lições espirituais em cada experiência de vida.

Para compreender e aplicar esses ensinamentos, o praticante pode manter um diário espiritual, onde anota suas percepções, sonhos e insights que surgem durante a meditação e a visualização. Esse diário se torna um guia de sua jornada de aprendizado com Miguel, uma ferramenta de autoconhecimento e reflexão. Ao revisitar essas anotações, o praticante começa a perceber padrões e temas que se repetem, ganhando clareza sobre os ensinamentos que Miguel deseja transmitir-lhe ao longo de seu caminho.

Miguel também ensina sobre o poder da intenção e da palavra como ferramentas de criação e transformação. Ele instrui o praticante a utilizar sua voz e sua mente com integridade, entendendo que cada pensamento e palavra gera impacto no mundo espiritual e material. Essa compreensão inspira o praticante a cultivar uma comunicação mais consciente e a criar intenções que estejam alinhadas com o propósito divino. Miguel, como guardião da verdade, o ajuda a desenvolver um compromisso com a autenticidade e a expressar-se com clareza e sabedoria.

Para aqueles que buscam uma conexão mais profunda com os mistérios, Miguel oferece ensinamentos sobre o símbolo do círculo e da espiral, representações da continuidade e da evolução espiritual. Durante a meditação, o praticante pode visualizar um círculo de luz ao seu redor, que o conecta com a energia universal e com a proteção de Miguel. Ele também pode imaginar-se movendo-se por uma espiral ascendente, simbolizando o progresso espiritual e a superação dos próprios limites. Esses símbolos ajudam o praticante a integrar o conhecimento arcano e a compreender que o crescimento espiritual é um caminho contínuo e cíclico.

A prática de contemplação sobre a eternidade é uma maneira de acessar a sabedoria mais profunda que Miguel guarda. Sentado em silêncio, o praticante reflete sobre o conceito de tempo e eternidade, compreendendo que a alma é parte de um plano maior e imortal. Ele pede a Miguel que o ajude a ver além das limitações do mundo material e a entender a natureza eterna de sua própria essência. Essa prática de contemplação o aproxima da compreensão de que, sob a orientação de Miguel, ele pode tocar a eternidade e encontrar paz e força em sua conexão com o divino.

A oração de gratidão é uma forma de honrar Miguel pelos ensinamentos recebidos e de expressar o compromisso de viver com integridade e responsabilidade. Ao final de cada prática, o praticante pode dizer: "Gratidão, Arcanjo Miguel, por cada lição e por cada verdade revelada. Que eu honre teu ensinamento e que minha vida seja uma expressão de tua luz e sabedoria." Essa oração fortalece o vínculo com Miguel e permite que o praticante encerre o momento de aprendizado com uma vibração de gratidão e reverência.

Com o tempo, o praticante compreende que os ensinamentos arcanos de Miguel não são apenas revelações sobre o universo, mas também reflexões profundas sobre sua própria alma e propósito. Ele percebe que a verdadeira sabedoria não está apenas no conhecimento, mas na aplicação desse conhecimento com amor e compaixão. Miguel, como mestre e guardião, guia-o em cada passo, ajudando-o a ver a vida com mais profundidade e a agir com mais clareza e autenticidade.

Os ensinamentos arcanos de Miguel transformam o praticante, despertando nele uma consciência mais elevada e uma visão mais ampla da existência. Ao caminhar com Miguel, ele descobre que a sabedoria verdadeira é silenciosa e que o poder espiritual reside no coração que vive em harmonia com o universo. Miguel, como portador da luz e da verdade, ilumina o caminho do praticante, até que ele compreenda que a maior de todas as verdades está em sua própria essência divina e em sua unidade com o cosmos.

Capítulo 46
Legado Espiritual e Transmissão

O Arcanjo Miguel representa um legado espiritual que transcende o tempo e o espaço, conectando gerações com um propósito de amor, justiça e proteção. Honrar esse legado é um ato de devoção, mas também de compromisso com a perpetuação de sua energia e ensinamentos. Transmitir o legado de Miguel às futuras gerações é mais do que compartilhar histórias e rituais; é viver seus valores e inspirar outros a seguir o mesmo caminho de integridade e coragem. Esse processo de transmissão assegura que a presença de Miguel continue iluminando o mundo e apoiando aqueles que buscam uma vida de propósito e espiritualidade.

Para começar a honrar e transmitir o legado de Miguel, o praticante deve refletir sobre o significado de sua própria conexão com o arcanjo. Ele pode reservar um momento de introspecção em um espaço sagrado, acendendo uma vela azul e segurando um cristal de quartzo transparente, símbolo de clareza e verdade. Ao fazer isso, ele reflete sobre as lições, experiências e proteções que Miguel lhe proporcionou, compreendendo que esse vínculo não é apenas pessoal, mas uma conexão que tem o poder de inspirar e guiar os outros.

Uma oração de gratidão e compromisso é um passo importante para formalizar a intenção de transmitir o legado de Miguel. O praticante pode dizer: "Arcanjo Miguel, guardião de todos os tempos, agradeço por tua luz em minha vida. Que eu possa honrar e compartilhar tua presença, inspirando outros a encontrar coragem e paz. Que meu caminho seja um reflexo do teu amor e da tua verdade." Essa oração cria um elo entre o praticante e a missão de perpetuar a sabedoria de Miguel, com humildade e dedicação.

Para aqueles que desejam compartilhar o legado de Miguel com familiares ou amigos, a prática de reunião espiritual é uma maneira significativa de introduzir outros à sua energia. O praticante pode organizar um encontro em um espaço calmo, onde todos possam se conectar com Miguel através de uma meditação guiada ou de uma breve invocação coletiva. Ele compartilha sua própria experiência, incentivando os participantes a refletirem sobre o papel de Miguel como protetor e guia, criando um ambiente de reverência e união. Essas reuniões se tornam momentos de partilha e aprendizado, onde o legado de Miguel é passado de coração a coração.

A prática de compartilhar ensinamentos de Miguel com crianças é uma forma de assegurar que as novas gerações estejam familiarizadas com sua presença e energia. Para isso, o praticante pode contar histórias simples que ilustrem as qualidades de Miguel, como sua coragem, seu amor pela verdade e sua compaixão. Ele pode também ensinar orações simples para que as crianças invoquem Miguel em momentos de medo ou incerteza, mostrando-lhes que o arcanjo está sempre disponível para protegê-las. Esse ensinamento transmite uma base de confiança e espiritualidade que as acompanhará por toda a vida.

Para reforçar o legado de Miguel, o praticante pode criar uma tradição familiar de celebração anual em honra ao arcanjo, especialmente no Dia de São Miguel, em 29 de setembro. Nessa data, ele pode reunir seus familiares ou amigos próximos, realizar uma oração de agradecimento e acender uma vela azul em homenagem a Miguel. Ele compartilha histórias e reflete sobre a proteção e as bênçãos que receberam ao longo do ano. Essa tradição fortalece o vínculo entre os membros do grupo e mantém viva a lembrança de Miguel, criando um espaço de gratidão e renovação espiritual.

Para os que desejam deixar um registro do legado de Miguel, a criação de um diário ou livro espiritual é uma maneira tangível de preservar suas experiências e aprendizados. O praticante pode documentar suas reflexões, orações, rituais e qualquer outro aspecto de sua relação com Miguel. Esse livro se torna um testemunho de seu compromisso espiritual e uma fonte de inspiração para aqueles que o lerem no futuro. Ele funciona como um legado material, algo que pode ser passado para as próximas gerações, preservando a essência de Miguel e sua influência em sua vida.

A técnica de visualização da linhagem espiritual é uma prática que ajuda o praticante a perceber sua conexão com aqueles que vieram antes e com aqueles que virão depois. Ele fecha os olhos e imagina uma linha de luz azul que se estende desde Miguel até ele, passando por todos os que foram inspirados pelo arcanjo no passado. Em seguida, ele visualiza essa linha se expandindo, alcançando aqueles que no futuro também serão tocados por essa energia. Essa visualização reforça o compromisso do praticante de ser um elo nessa corrente espiritual, transmitindo o legado de Miguel de forma pura e inspiradora.

Para os que desejam expressar o legado de Miguel através de ações, o praticante pode realizar atos de compaixão e proteção em sua comunidade, refletindo as qualidades do arcanjo em sua vida cotidiana. Isso pode incluir ajudar aqueles que necessitam de apoio, agir com integridade em momentos de conflito ou oferecer orientação espiritual a quem busca. Ao agir de acordo com os valores de Miguel, o praticante transforma sua vida em um testemunho vivo de seu legado, mostrando aos outros que a energia de Miguel é uma força de amor e justiça.

A prática de criar um altar dedicado a Miguel em um espaço familiar ou comunitário também é uma maneira de transmitir seu legado. Esse altar pode conter símbolos do arcanjo, como uma vela azul, uma espada pequena ou cristais, e é um local onde todos podem fazer uma breve oração ou simplesmente sentir a presença de Miguel. Esse altar torna-se um ponto de conexão e inspiração, um lugar onde qualquer pessoa pode sentir-se protegida e amparada pela luz do arcanjo.

Ao final de cada prática de transmissão do legado de Miguel, o praticante dedica um momento para agradecer, dizendo: "Gratidão, Arcanjo Miguel, por tua presença em minha vida e por permitir-me compartilhar tua luz. Que o amor e a verdade que recebi de ti sejam transmitidos com respeito e gratidão, inspirando todos a seguir o caminho da luz." Esse momento de gratidão é uma maneira de honrar Miguel e de reafirmar o compromisso de perpetuar seu legado de forma autêntica e respeitosa.

Com o tempo, o praticante percebe que transmitir o legado de Miguel não é apenas um ato de compartilhar ensinamentos, mas uma missão de viver com propósito e integridade. Ele descobre que, ao inspirar outros, ele também fortalece sua própria conexão com o arcanjo, criando um ciclo de energia positiva e cura que abençoa todos os envolvidos. Miguel, como mentor e guardião, está sempre presente nesse processo, apoiando cada esforço do praticante para manter viva sua presença e seus ensinamentos.

Ao se comprometer com o legado de Miguel, o praticante compreende que ele faz parte de uma corrente espiritual que transcende o tempo e o espaço. Ele percebe que sua vida é um elo nessa corrente, e que sua dedicação a Miguel continuará a influenciar e a inspirar outros, mesmo quando ele não estiver presente fisicamente. Dessa forma, o legado de Miguel permanece eterno, nutrindo e iluminando aqueles que buscam a verdade, a proteção e o amor incondicional que o arcanjo representa.

Capítulo 47
Aplicações Práticas no Cotidiano

O Arcanjo Miguel, com sua presença protetora e sua sabedoria, oferece ensinamentos e energias que podem ser aplicados diariamente, transformando situações comuns em oportunidades de crescimento espiritual. Incorporar a essência de Miguel no cotidiano é um convite para viver com integridade, coragem e compaixão, alinhando as ações diárias aos valores espirituais que ele representa. Essa prática cotidiana não requer rituais complexos, mas sim a intenção consciente de atuar com a mesma determinação e luz que Miguel emana.

Para começar a aplicar a presença de Miguel no dia a dia, o praticante pode iniciar cada manhã com uma breve invocação, estabelecendo sua intenção de proteção e clareza para o dia que se inicia. Ele pode dizer: "Arcanjo Miguel, que tua luz e tua força estejam comigo hoje. Que eu seja guiado pela tua sabedoria e protegido pela tua presença. Que cada ato e cada palavra reflitam tua integridade e teu amor." Essa invocação prepara o espírito do praticante, criando uma conexão que se mantém ao longo do dia, independentemente dos desafios que ele possa enfrentar.

Uma prática simples e poderosa é a técnica de visualização da luz protetora. Sempre que sentir necessidade de proteção ou força, o praticante pode imaginar uma luz azul envolvente ao seu redor, como uma aura de segurança emanada por Miguel. Essa visualização o ajuda a criar uma barreira energética contra influências negativas, preservando seu equilíbrio e permitindo que ele enfrente as situações com calma e confiança. Em momentos de estresse, essa prática pode ser feita discretamente, fortalecendo a sensação de estar amparado pelo arcanjo.

Para aplicar a energia de Miguel nas interações diárias, o praticante pode cultivar a prática de comunicação consciente e honesta, inspirando-se na integridade e na verdade que Miguel representa. Antes de uma conversa importante ou durante uma decisão, ele pode pedir a Miguel que o ajude a falar com clareza e autenticidade, evitando conflitos desnecessários e mantendo uma postura justa. Essa prática o incentiva a ser honesto consigo mesmo e com os outros, promovendo relacionamentos baseados em confiança e respeito.

Outro aspecto importante é a técnica de autodefesa energética, que pode ser útil em ambientes carregados ou ao interagir com pessoas de energia densa. O praticante, antes de entrar em tais situações, pode invocar Miguel para que o envolva com seu escudo protetor. Ele visualiza Miguel ao seu lado, mantendo-o seguro e protegendo sua energia. Essa prática permite que ele permaneça equilibrado e focado, sem absorver as influências externas, reforçando sua resiliência espiritual e emocional.

A prática de gratidão ao final do dia é uma maneira de reconhecer e honrar a presença de Miguel em sua vida cotidiana. O praticante pode reservar alguns minutos para agradecer pelas oportunidades de aprendizado e pelas situações em que sentiu a proteção e a orientação do arcanjo. Ele pode dizer: "Gratidão, Arcanjo Miguel, por cada momento e por cada lição. Que eu continue a crescer sob tua proteção e a viver com coragem e integridade." Esse momento de gratidão fortalece a conexão com Miguel e encerra o dia em uma vibração positiva.

Para aqueles que buscam melhorar o ambiente de trabalho com a energia de Miguel, a prática de harmonização do espaço é uma aplicação prática que promove um clima de paz e produtividade. O praticante pode realizar uma breve visualização, imaginando que a luz azul de Miguel envolve o espaço de trabalho, purificando e equilibrando as energias. Ele pode também manter um cristal de proteção, como a turmalina negra, em sua mesa, consagrado à presença de Miguel. Esse ambiente harmonizado ajuda o praticante a manter-se concentrado e protegido, mesmo em dias mais desafiadores.

Uma técnica poderosa para momentos de decisão é a prática de discernimento, onde o praticante pede a Miguel que o guie para fazer escolhas justas e equilibradas. Em uma situação de dúvida, ele pode fazer uma breve pausa, fechar os olhos e pedir a Miguel que ilumine o caminho mais correto. Com a presença do arcanjo, o praticante sente-se mais seguro e alinhado com sua verdade interior, tomando decisões que estejam em harmonia com seus valores e seu propósito espiritual.

Para os que enfrentam momentos de medo ou ansiedade, a prática de ancoragem é uma ferramenta valiosa para restabelecer a confiança. O praticante pode respirar profundamente, visualizando que está recebendo a energia da espada de Miguel, que corta qualquer pensamento de medo ou insegurança. Ele sente que a presença de Miguel o fortalece, lembrando-lhe de sua capacidade de superar os desafios. Essa prática de ancoragem traz paz e segurança, permitindo que o praticante enfrente suas preocupações com um espírito renovado e resiliente.

No ambiente familiar, o praticante pode envolver toda a família na energia de Miguel, criando momentos de conexão e proteção. Ele pode sugerir uma breve oração familiar ao final do dia, pedindo a Miguel que abençoe e proteja a todos. Esse gesto simples fortalece os laços e cria um ambiente de paz e segurança para todos os membros da família, que se sentem protegidos e unidos pela mesma luz. Essa prática pode ser uma oportunidade para transmitir o amor e a proteção de Miguel de forma acessível a todos.

A técnica de respiração consciente é uma prática rápida e eficaz para momentos de tensão ou fadiga. Inspirando profundamente, o praticante imagina que está absorvendo a luz e a força de Miguel, e ao expirar, visualiza qualquer tensão se dissipando. Essa respiração intencional o ajuda a manter-se calmo e focado, especialmente em dias exigentes, renovando sua energia e fortalecendo sua conexão com o arcanjo.

Para encerrar cada semana, o praticante pode fazer uma reflexão sobre suas ações, identificando momentos em que agiu com coragem, compaixão e honestidade, qualidades associadas a Miguel. Ele reflete sobre as lições aprendidas e as oportunidades de crescimento, pedindo a Miguel que o ajude a integrar esses ensinamentos no dia a dia. Essa prática de autoavaliação é uma forma de comprometimento com a própria evolução e com a influência de Miguel em sua vida, reforçando a intenção de viver de acordo com os princípios do arcanjo.

Ao longo do tempo, essas aplicações práticas no cotidiano permitem que o praticante sinta a presença de Miguel de forma contínua, tornando-se cada vez mais forte e resiliente diante dos desafios. Ele percebe que a proteção de Miguel está disponível em todos os momentos e que suas qualidades de coragem, verdade e amor são princípios que podem guiá-lo em qualquer situação.

Integrar Miguel no cotidiano é um caminho de autotransformação, onde o praticante se aproxima de sua essência espiritual e fortalece sua conexão com o divino. Ao aplicar a sabedoria e a proteção de Miguel em cada gesto e pensamento, ele transforma a própria vida em uma expressão da luz do arcanjo, vivendo com a certeza de que está sempre amparado e guiado. Dessa forma, ele não apenas sente a presença de Miguel, mas também se torna um canal dessa presença para o mundo ao seu redor, irradiando a paz, a coragem e o amor que Miguel representa.

Epílogo

Ao chegar ao fim deste livro, você se encontra em um ponto de transformação, onde a luz que o Arcanjo Miguel traz ao mundo resplandece em seu próprio coração. A jornada que percorremos juntos não termina aqui; ela é, na verdade, o início de uma descoberta contínua, uma renovação de fé e de propósito que seguirá ao seu lado, acompanhando-o em cada decisão e em cada escolha de vida.

Miguel, o defensor da luz e da verdade, o acompanhou em cada palavra, iluminando passagens e despertando em você a força para enfrentar as sombras e as incertezas. Ele não é apenas o anjo guerreiro que combate os males exteriores, mas uma presença íntima, que o encoraja a encontrar a coragem dentro de si mesmo. A cada página, Miguel se revelou como o espelho de uma verdade que não pode ser contida, como o farol de um propósito que transcende a compreensão e que existe para todos aqueles que o buscam de coração sincero.

Sua espada, sua balança e sua chama não são apenas símbolos; eles são os instrumentos que Miguel usa para tocar sua vida, protegê-lo e guiá-lo. Este epílogo não encerra o conhecimento compartilhado; ao contrário, ele o convida a aprofundar-se, a carregar consigo cada ensinamento e cada revelação que encontrou ao longo dessas páginas. Miguel lhe mostrou que a força para vencer os desafios da vida está sempre disponível, e que ele estará sempre ao seu lado, pronto para proteger, para inspirar e para agir ao seu favor.

Lembre-se de que a presença do Arcanjo Miguel é constante e acessível. Ele está com você nos momentos de medo, nas batalhas internas e externas, e nas decisões que exigem coragem e sabedoria. Sua luz é um convite eterno para que você viva com integridade, para que cultive a justiça e para que esteja sempre em busca da verdade que liberta. Mesmo que o caminho pareça desafiador, Miguel o encoraja a seguir em frente, a não desistir e a transformar os obstáculos em oportunidades de crescimento espiritual.

O que você leu até aqui é um guia para despertar seu próprio poder espiritual, para nutrir a chama da coragem e para cultivar uma vida de paz e proteção. Cada prática, cada invocação e cada ensinamento é uma semente que, ao ser plantada em seu coração, florescerá em sabedoria, força e serenidade. Que este conhecimento inspire você a buscar sempre mais, a viver em harmonia com seu propósito e a se tornar um reflexo da luz e do amor que Miguel representa.

Agora, ao fechar este livro, Miguel continua com você, como uma presença sagrada que não o abandona. Sua chama, sua espada e sua balança permanecem disponíveis, e basta um pensamento, uma oração ou um simples ato de coragem para sentir sua presença novamente. O Arcanjo Miguel o guiará, de maneira silenciosa e firme, através dos desafios e das incertezas, lembrando-lhe que você não está só e que a luz da proteção e da verdade nunca se apaga.

Que a força, a paz e o amor do Arcanjo Miguel estejam sempre com você. Que sua vida seja um testemunho de sua presença, e que sua jornada seja repleta de momentos em que a verdade e a justiça prevaleçam.

www.ingramcontent.com/pod-product-compliance
Lightning Source LLC
LaVergne TN
LVHW040053080526
838202LV00045B/3616